I0048814

Elogios para:

El 10% que más gana

"Este libro permanece junto al teléfono que tengo sobre el escritorio de mi oficina porque me ayuda a mantener presente el hecho de que debo esforzarme siempre para cumplir con los requisitos propios de los triunfadores de óptimo rendimiento que han cumplido sus sueños. Es así como he conseguido sentirme más realizada y enfocada —mis resultados lo demuestran. Ahora trabajo de una manera más inteligente y aguda hasta alcanzar mis metas una a una, y todo gracias al entrenamiento que recibo de Alice y de su libro *El 10% que más gana: Hábitos de éxito de los vendedores top y elite*".

—Darlene Hull, Propietaria-Fundadora de HotSpot Social Media

"Si quieres superar todos los récords de ventas y tener más clientes de alta calidad que llenen de dinero tus bolsillos, este libro es para ti!"

—Andy Sherwood, Gerente de Priority Management

"Siempre he confiado en Alice Wheaton para que me ayude a mejorar el nivel de mis habilidades en las ventas y en mi éxito profesional. Cada vez que me he encontrado en una encrucijada me he acercado a ella para pedirle consejo sobre cómo dar los pasos más adecuados para avanzar al siguiente nivel. Lee su libro y comprueba por ti mismo cómo es de práctico y a la vez transformador el conocimiento que Alice imparte. ¡No me alcanzan las palabras para explicar qué tanto será el valor de todo lo que recibirás a lo largo de esta lectura y luego mediante la aplicación de todas las cápsulas de conocimiento contenidas en este último de sus libros! Si te privas a ti mismo de toda esta esta información, ¡será bajo tu propio riesgo!"

—Lavana Fitzgerald, Grant Writer Autora de
How to Find the Clients Who Are Already Looking for You

"He leído una gran cantidad de libros sobre estrategias de venta y puedo decir que este se encuentra en un nivel superior pues, mientras muchos de los que hablan sobre el tema son derivados de otros títulos notables, *El 10% que más gana: Hábitos de éxito de los vendedores top y elite* es único. Su título es el mejor porque, si pones en práctica todas las estrategias y tácticas incomparables, propuestas a lo largo de la lectura, disfrutarás de las recompensas y reconocimiento que solo se logra mediante un rendimiento máximo".

—Seann T. Poli, Vicepresidente Ejecutivo, LiveWell Foods Canada

El
10%
que más gana

Hábitos de éxito
de los vendedores top y élite

Alice Wheaton

TALLER DEL ÉXITO

El 10% que más gana:
Hábitos de éxito de los vendedores top y élite

Copyright © 2024 · Taller del Éxito · Alice Wheaton
Título original en inglés:
How the Top 10% Do It! Sales Habits of Elite and Top Performers

Traducción al español: Copyright © 2023 Taller del Éxito, Inc.
Reservados todos los derechos. Ninguna parte de esta publicación puede ser reproducida, distribuida o transmitida por ninguna forma o medio, incluyendo fotocopiado, grabación o cualquier otro método electrónico o mecánico, sin la autorización previa por escrito del autor o editor, excepto en el caso de breves reseñas utilizadas en críticas literarias y en ciertos usos no comerciales dispuestos por la Ley de Derechos de Autor.

Publicado por:
Taller del Éxito, Inc.
Sunrise, Florida 33323
Estados Unidos
www.tallerdelexito.com

Editorial dedicada a la difusión de libros y audiolibros de desarrollo y crecimiento personal, liderazgo y motivación.

Traducción y Corrección de estilo: Nancy Camargo
Diseño de carátula y diagramación: Giselle Selva Rodriguez

ISBN: 9781607388876

25   26   27   28   29   R|GIN   09   08   07   06   05

Contenido

Dedicatoria

Solo tres personas aumentan el significado de mi vida día a día. Mi pareja, Ernest Harty, quien me motiva y apoya cada vez que trato de poner en la balanza múltiples prioridades. Él es la voz que me trae a la razón cuando ve que estoy considerando la posibilidad de adquirir más responsabilidades.

Lloyd Worth es mi único hijo y, hasta donde me acuerdo, él me ha inspirado y desafiado a mirar el mundo desde una perspectiva diferente que me lleve a obtener un fin mayor. Y puesto que no tuve la fortuna de tener una hija, su pareja, Lexxie Misal-Marusiak, hace el gran trabajo de cumplir este papel. Su eterno optimismo y sentido del estilo dejan en claro su enorme creatividad.

Expresiones de gratitud

Muchas gracias a Carmen Goss, quien me ayudó a seleccionar el título para este trabajo, ¡tarea que puede llegar a ser la más difícil de escribir un libro!

Otras dos mujeres también aportaron su genialidad profesional para llevar este libro a buen término en menos de seis meses:

Kelly Courtney, tu ayuda con la logística, la edición y la gestión de mi blog semanal hace que mi vida sea más fácil semana tras semana.

Jannette Anderson, tú eres la diosa Demy (aunque hay que estar muerta para ser una verdadera diosa) y, evidentemente, sabes cómo solucionar cualquier problema de la mejor manera posible y con lo que tengas a mano. Examinaste el producto ya casi terminado y supiste decirme lo que le hacía falta ¡y ahora estoy feliz!

Introducción

*"Junta todos tus recursos, todas tus facultades, todas tus energías
y todas tus capacidades con el propósito de llegar a dominar por
lo menos un campo sobre el cual enfocar todos tus esfuerzos".*

−John Haggai

Felicitaciones por ser alguien que está comprometido con ser un maestro en tu campo de acción. Es obvio que escogiste esta lectura porque estás decidido a ser un líder... uno de los que pertenecen a la élite superior del 10% de los profesionales en ventas. Este libro es para los representantes de ventas y líderes que están en busca de consejos y técnicas prácticas que les sirvan de apoyo en el logro de mejores resultados.

Elegí los siguientes 50 temas basada en dos décadas durante las que he estado observando cuáles son las cualidades, acciones y estructuras que separan a los profesionales en ventas que pertenecen a la media, o que luchan, de los vendedores de óptimo rendimiento. Solo el 10% del personal que integra la fuerza de ventas —el cual, por lo general, produce la gran mayoría de los ingresos de las organizaciones —piensa y actúa de manera diferente y por lo tanto logra resultados diferentes. He dedicado mi vida a estudiar en qué consiste tener éxito en las ventas y el propósito de estos breves capítulos es compartir contigo conceptos que he decantado a partir de años de investigación, análisis y pruebas. Enfócate en dominar uno por semana y elevarás consistentemente tu nivel de desempeño en este campo y en tus resultados.

Por favor, no te limites solo a leer este libro puesto que el hecho de leerlo no te conducirá a lograr cambios en tus resultados, ni a ser un maestro en las ventas. Tan solo aumentarás la cantidad de los conocimientos teóricos que no estás aplicando y que ensanchan la brecha entre lo que sabes y lo que en realidad pones en práctica. El dominio de cualquier área requiere la aplicación, la práctica, la voluntad de hacer las cosas aunque al principio estén mal hechas y por el camino vuelvas a hacerlas una y otra vez y otra vez hasta que logres resultados excelentes.

Algunas de estas ideas son apenas recordatorios ... que todos necesitamos. A menudo, lo que ocurre no es que no sepamos hacer lo que hacemos, sino que no hacemos todo lo que sabemos, de ahí la utilidad de los recordatorios. También encontrarás otros contenidos no convencionales. Siendo yo una pensadora que ve las cosas desde el lado opuesto, a veces busco las excepciones que deberían ser la regla —y estas son las que elevan los resultados, las que te hacen un líder y no un seguidor.

Este libro se divide en tres secciones o áreas de enfoque principales:

1. **Cuáles son las estrategias de autogestión que generan óptimo rendimiento.** Las ventas, al igual que todos los aspectos del rendimiento, comienzan en nuestro contexto interno o marco de referencia. Es decir que, lo que pensamos o creemos conduce a los sentimientos que tenemos o al "estado" en que nos encontramos, que es el que, en última instancia, genera las acciones que tomamos. Estos capítulos tratan sobre lo que es el juego interno de las ventas. En otras palabras, sobre los pensamientos y puntos de vista que podrían lograr que veas las cosas de manera diferente y tomes medidas más productivas. Si este enfoque o conjunto de ideas no es tu marco de referencia actual, te animo a que "lo pruebes", a que veas si da lugar o no a resultados distintos a los que has estado recibiendo hasta la fecha.

2. **Cómo elevar el nivel de tus habilidades en las ventas**. Aprenderás qué habilidades se requieren a nivel profesional en este campo para ser cada vez más eficaz. El 10% de los vendedores estrella demuestra habilidades superiores en competencias clave. Esta sección trata de cómo haces lo que haces y cómo hacerlo mejor.

3. **Cuáles son los procesos de venta que funcionan.** La estructura sobre la cual basas tus esfuerzos es tan importante como tus habilidades y el estilo o actitud con los que desempeñas tu trabajo. Estos tres componentes juegan un papel fundamental en tus resultados finales. A lo mejor tengas todas las habilidades de este mundo, pero un proceso de ventas deficiente terminará socavando tus esfuerzos. Si no aprendes a manejar tus miedos, no serás capaz de coger el teléfono y poner en práctica tus habilidades de comunicación y de prospección.

Debido a que eres un profesional ocupado con muchos compromisos que compiten por tu atención y tiempo, me hice el propósito de que cada uno de los 50 capítulos que conforman esta lectura sea un bocado rápido y fácil de digerir.

Felicidades de nuevo por tomar la decisión de adoptar medidas concretas que mejoren tu rendimiento en las ventas y por determinar que serás un líder en esta profesión que tanto valoramos tú y yo.

Es posible que te hayas estado preguntando: *"¿Dónde puedo conseguir ese documento secreto o tener acceso a las enseñanzas secretas que me ayuden a ubicarme en la categoría de óptimo desempeño?"* Pues, déjame decirte que, si implementas los conocimientos, habilidades y actitud que te presento en este libro, ¡también tú estarás en compañía de los que saben lo que se necesita para ser excelente!

Si te detienes a observar a los típicos profesionales que por lo general contribuyen al éxito empresarial, notarás que entre ellos se incluyen un abogado corporativo con un estándar LLB, un contador público cuyo estandar es CA o CPA, un especialista en marketing que tendrá un MBA y un ingeniero con un estándar Peng, experto en planeación. ¿Cuál es entonces el estándar correspondiente al vendedor sobre el cual una compañía basa su éxito en el mercado (y de cuyos resultados dependen los salarios de todos los demás profesionales letrados) y se mantiene abriendo nuevas oportunidades y negocios? La respuesta a esa pregunta es el propósito de este libro.

Para recibir cualquier grado en una universidad norteamericana o europea los estudiantes deben primero demostrar mediante un examen que conocen y recuerdan las competencias asociadas a la profesión elegida.

Cada competencia requiere de una serie de tareas específicas que, al alcanzar un promedio del 65% de rendimiento, indican un alto nivel de habilidad en esa área. Para algunas profesiones, el 50% es un promedio que permite pasar la prueba; pero, para otras, el promedio es mucho más alto, a menudo el 65% o más. Si un profesional (enfermera, médico, abogado, ingeniero, etc.) se gradúa con el 65% requerido, es considerado como un profesional en la materia apto para cobrar por sus servicios.

Pero ¿qué pasa con los vendedores? No existe ninguna clase de estándar en este sentido y por esta razón me dispuse a investigar para descubrir cuáles son esas competencias exactas que se necesitan para ser un vendedor de óptimo rendimiento. Fue así como conformé unos grupos de trabajo que se enfocaran en el performance de vendedores de alto rendimiento y, con su visión basada en años de excelencia en el campo, logré compilar una lista de competencias y tareas inherentes a cada una de ellas, las cuales ellos ejecutan constantemente ¡con el fin de ganar la venta!

Un ejemplo de ello es que, si un vendedor de alto rendimiento no logra cerrar un trato, él llevará a cabo un análisis forense de cómo transcurrió todo el proceso de la venta, de principio a fin, en busca de lo que pudo haber salido mal hasta dejar al descubierto cuáles fueron sus debilidades personales o sus sesgos y luego usará ese nuevo aprendizaje para ser más hábil en una próxima oportunidad. La excavación de las debilidades inherentes a sus propias habilidades es solo uno de los atributos de los vendedores élite. Ellos practican el poder de la paranoia positiva. Cómo llegar a ser experto en esto es el tema de uno de los capítulos de este libro.

Un amigo y yo estuvimos cavilando hace unas semanas acerca de la búsqueda del seductor, aunque difícil de alcanzar, estado de excelencia, y él trajo a colación una teoría interesante: la mayoría de la gente prefiere fracasar rodeada de elogios que tener éxito en medio de críticas. Me da la impresión de que muchos se conforman con mantener el statu quo en lugar de alcanzar las alturas que sueñan con tal de suplir su necesidad de alimentar su ego. El EGO, un acrónimo en inglés que significa "deseo extremo de demostrar grandeza" (Edging Greatness Out), nos convence de que nuestros críticos están equivocados y nosotros estamos siendo tratados injustamente. Recordarás el exitoso libro de hace años, From Good to Great, el cual sostiene que no lograrás progresar hasta llegar a ser grande si no estás dispuesto a mirarte con toda honestidad a ti mismo y trabajar en las críticas que recibas y en tus diversos grados de incompetencia.

Cuando estaba en el proceso de escribir mi primer libro, *Say NO to Me! The True Power of Up-Side Down Selling*, se lo envié a un editor muy prestigioso quien me lo regresó con la siguiente anotación: *"Alice, te he oído hablar y he leído tu escrito. ¡Te sugiero que te remitas a hablar!"* Me tomó unos días antes de lograr admitir que había varias secciones que necesitaba reescribir y/o reorganizar. Tuve la tentación de regodearme en medio de mi dolor y resentimiento, pero me había fijado una meta cuya fecha era inminente. Así que, en vez de eso, retomé mi marcha e hice el trabajo requerido. Ese libro se convirtió en un éxito de ventas y más tarde fue traducido a siete idiomas. Hoy en día, estoy agradecida por los comentarios y críticas iniciales sin los cuales mi libro no habría podido alcanzar ese mismo nivel de ventas.

Vivimos en un mundo en el que la mayoría de los productos y servicios no solo puede, sino que debe, ser optimizada. Es posible que tengas un Samsung Note 5... después de haber empezado con un Samsung Note 1. ¿Qué habría pasado si Samsung no hubiera escuchado y respondido a los comentarios de sus usuarios? Si esta empresa no les hubiera prestado atención cuidadosa a sus usuarios, ni utilizado sus opiniones para optimizar su sistema operativo, se habría quedado atrás y no estaría disfrutando de la envidiable posición que ocupa hoy en día en el mercado. Lo mismo ocurre con los vendedores: ellos necesitan elevar continuamente sus habilidades para lograr cada vez mayores éxitos. De eso es de lo que trata este libro... de ir develando los secretos de los vendedores de alto nivel en este campo.

Tenemos que estar abiertos a la discusión y a ser transparentes con nuestros mentores, asociados y supervisores acerca de cuales son las debilidades y lagunas que minan nuestras habilidades o capacidades. Los atributos que se necesitan para aceptar la crítica de manera productiva son la fortaleza, la humildad y la voluntad de aprender y avanzar para pasar de ser bueno a grande. Así que adelante, sé abierto a la retroalimentación crítica. Acéptala, escúchala con atención, analízala y reajústate, solo así alcanzarás tu verdadera grandeza. ¡Serás recompensado con el nivel de excelencia que por lo general solo unos pocos disfrutan! De hecho, ¡te convertirás en uno de los vendedores pertenecientes a la categoría de óptimo rendimiento!

Después de todo, si estuvieras en una condición médica complicada ¿preferirías estar en negación con respecto a ella o buscarías tratamiento para mejorarte? Hacerles frente a tus debilidades es lo mismo: si eres demasiado orgulloso para excavar bien debajo de la superficie y encontrarlas, nunca serás capaz de mejorar y, por tanto, ¡tampoco alcanzarás el estado de alto rendimiento!

Este libro está organizado alrededor de cincuenta selectas competencias de venta que, cuando las ejecutes a por lo menos el 65% de rendimiento, te pondrán por delante de los "otros" y en una estratósfera completamente nueva que te dará alto estatus, presencia en el mercado y ganancias. Al llegar a este nivel, así como les ocurre a los deportistas de alto desempeño, tus competidores intentarán convencerte con un jugoso contrato y bonos adicionales para que te desvincules de tu compañía actual ¡y te vayas a trabajar con ellos!

¡Mis mejores deseos por un éxito duradero!

Estrategia 1

Aplicar los secretos del éxito de los vendedores de óptimo rendimiento

Si caminas por un vecindario exclusivo, verás que la mayoría de los avisos de *Se vende* que hay puestos en las viviendas proviene de uno o dos agentes de bienes raíces en particular. Ellos son los vendedores Tipo A. Si tú cuentas con más prospectos Tipo A que B o C, entonces eso significa que tú también eres un vendedor Tipo A. Ahora, el problema es el siguiente: existen por ahí muchos vendedores que tratan de entablar de la noche a la mañana una relación con su cliente, antes de ni siquiera generar alguna especie de valor que justifique esa relación. Se olvidan del hecho de que tienen que construir credibilidad, respeto y confianza antes de que el cliente decida sostener una buena relación con ellos. Además, algunos clientes no querrán tener jamás una relación contigo. Es posible que tú desees tenerla con ellos, pero no ellos contigo. Mientras más alto sea el nivel ejecutivo al que te dirijas, menor será la cantidad de clientes que quieran entablar una relación.

Cuando un vendedor está sentado al otro lado del escritorio de su prospecto cumpliendo una cita de negocios y las cosas *parecen ir bien*, él siente que está recibiendo muy buena retroalimentación de su posible cliente. Es como si las dos partes estuvieran *sintiendo amor mutuo*, pero esto no es necesariamente cierto. El cliente no le asignará un nivel A a un vendedor solo porque se haya generado simpatía mutua acompañada de cierto sentido de camaradería. El vendedor común, quien es por su parte un misil en búsqueda de aprobación, se seguirá centrando en esta clase de contactos, ¡incluso si ellos no pueden tomar ni la más pequeña decision para cerrar una venta!

Un prospecto de calidad es aquel que toma una decisión en los siguientes tres a seis meses (o en el periodo de tiempo que sea relevante para el producto que le ofrecen); es alguien con la capacidad de influir sobre un negocio y firmarlo; es la persona que te ayuda a cerrar tu venta y a venderles tu producto o servicio a otras personas dentro de su organización.

No sabría decirte con cuántos clientes potenciales he cerrado negocios proponiéndoles el siguiente acuerdo: *"Esto es lo que me gustaría hacer, si a usted le parece bien: voy a redactar la propuesta como un primer borrador. Cuando programemos una cita específica para revisarlo, se lo enviaré en Word. Espero recibir sus comentarios".* Sin lugar a dudas, los prospectos serios Tipo A suelen estar de acuerdo con este procedimiento. El prospecto Tipo C, sin embargo, no estará de acuerdo porque no tiene la autoridad para darle vía libre al proyecto, ni sabe muy bien cuáles son los procesos de los negocios de la compañía que los emplea. La comunicación de un vendedor Tipo A es concisa; habla como un líder y no utiliza frases ambiguas tales como "Yo podría", "Voy a tratar", "Tal vez" o "Yo pretendo", sino que utiliza términos y un lenguaje que denote que su clientela puede confiar en sus resultados, como por ejemplo:

- *Le enviaré esto el cuatro de enero.*

- *Hablaré con las cinco personas de la empresa que están involucradas en la toma de decisiones a nivel empresarial.*

- *Haré la gestión para que usted haga su propuesta frente a nuestra empresa.*

Un prospecto Tipo A te invitará a almorzar con la misma espontaneidad con la que tú también lo invitarías; te devolverá tus llamadas; no permitirá que le hagas cinco o seis llamadas suplicándole o pidiéndole atención. No, para un prospecto Tipo A llamarte será su prioridad y te mostrará cuál es su presupuesto. Uno de mis clientes respondió a mi propuesta de esta manera:

"Alice, es fin de año y solo me queda este presupuesto. No hagamos el negocio en este momento. Mejor esperemos un mes y medio y así yo uso el dinero que me queda para el resto del año. Luego, tomamos una parte del presupuesto asignado para el próximo año fiscal y entonces sí cerramos el trato".

Cualquiera con este nivel de transparencia es un cliente Tipo A pues genera un alto nivel de confianza.

Los vendedores, prospectos y clientes Tipo A saben de calidad. Un cliente que valora la calidad no intenta que bajes tus precios –él quiere óptima calidad y servicio; quiere hacer negocios contigo año tras año. Si tú practicas efectivamente la actividad de las ventas, entonces sabrás analizar dónde se encuentra tu cliente respecto a sus asuntos corporativos. No irás por ahí diciendo: *"Tenemos una gran relación"* porque sabes que hay una gran cantidad de aspectos que contribuyen a la obtención de un complejo acuerdo y una buena relación es el menor de ellos. Sí, tal vez hayan desarrollado una relación, pero ¿la puedes administrar o medir? Nunca vuelvas a decir: *"Tengo una gran relación con mi cliente"* si no puedes cuantificarla. Si no cuentas con hechos tangibles que apoyen esa afirmación, entonces es producto de tu imaginación. Solo cuando gozas de credibilidad tus clientes siguen haciendo negocios contigo.

Tengo un amigo que es un supervendedor estrella. En sus dos primeras semanas del mes él ya ha cumplido con su presupuesto de ventas trimestral. Le pregunté si era que retenía algunas órdenes para apuntalar el trimestre siguiente y él me dijo: "No. Sencillamente, yo sé lo que va a pasar". Claro, lo sabe porque él es un vendedor de óptimo nivel y eso significa que tiene prospectos de calidad a los cuales él les presta magníficos servicios. Rara vez almuerza o se toma un café con alguno de ellos, pero cuando se trata de ayudarles en el negocio, son su conocimiento y atención detallada los que cuentan.

Cuando finalices tus reuniones con tus prospectos es necesario que tengas los atributos que los lleven a pensar: *"Este es el tipo de persona con la que yo necesito trabajar".*

Estrategia 2
Utilizar el A.R.T. del éxito

Vamos a hablar del A.R.T. del éxito y a averiguar qué es lo que hacen las personas de más alto desempeño en cualquier organización con el fin de alcanzarlo. Y, por supuesto, en esta situación voy a centrarme en ti, el vendedor.

¿Qué representa la sigla A.R.T.? La A representa en inglés la palabra *Accountable (razonable, sensato, dispuesto a rendir cuentas)*; la R, *Responsable*; y la T, *Trust* (confiable). Las personas que afirman que siempre son 100% razonables, sensatas, dispuestas a rendir cuentas, responsables y dignas de confianza a todo instante ¡no están diciendo la verdad! Significaría que son perfectas y que dan su palabra el 100% del tiempo. El hecho es que la vida cambia, pasan cosas, nos ocupamos, a veces nos enfermamos e imprevistos como estos hacen que solo podamos ser 100% responsables cuando, por lo menos, reconocemos nuestros errores sin necesidad de buscar culpables.

Dejame darte un ejemplo: digamos que tengo una cita contigo la próxima semana para almorzar juntos en un determinado restaurante a una hora específica y estoy quince o veinte minutos retrasada. A menudo, lo que sucede es que la gente (y hasta yo misma lo he hecho) llega tarde presentando disculpas como: "Lo siento, el teléfono sonó cuando ya salía para acá", "Te pido disculpas por mi tardanza, pero es que no encontraba mis llaves" o "Lamento llegar tarde. Están construyendo en la Avenida Décima y la congestion es terrible". Fabricamos toda una historia y luego nos convencemos a nosotros mismos de que es cierta porque creemos que una gran historia compensa la falta de compromiso y es así como nos perdemos del privilegio de ser dignos de confianza, no solo en nosotros mismos, sino también de la confianza de los demás.

Cuando inventamos una historia acerca de otra persona o de alguna situación fuera de lo común, no estamos siendo razonables, ni sensatos, ni dispuestos a rendir cuentas. Si lo estuviéramos, por lo menos en un 80%, entonces cada que llegáramos tarde tendríamos que tomar el 100% de nuestra responsabilidad en el asunto diciendo algo como: "Me disculpo por llegar tarde. La verdad es que, obviamente, no estoy manejando mi tiempo tan bien como debería". En ese caso, sí estaríamos siendo razonables y sensatos, y rendiríamos cuentas sin necesidad de proyectar nuestra responsabilidad en cuestiones externas.

Ahora, si continuamos haciendo los cálculos y decimos que alguien es el 80% razonable y el 80% responsable, entonces eso significaría que exista la posibilidad de que también sea el 80% confiable. En la medida en que demos nuestra palabra y la mantengamos, en esa misma medida seremos dignos de confianza.

Analiza lo siguiente: tú haces parte de los varios representantes de ventas con los que tu cliente trabaja. ¿Eres de los que apenas hacen lo que se les pide, y ni siquiera a tiempo? Si tus clientes se dan cuenta de esto (y lo harán), te percibirán como una persona con bajo nivel de confiabilidad y responsabilidad, como alguien no fiable e irresponsable. Esto significa que les habrás abierto una gran ventana de oportunidades a tus competidores.

Pero, si tus clientes ven que sabes cómo ayudarles en sus problemas brindándoles la mejor solución posible en diversas áreas del negocio, si caminas esa milla extra con tal de colaborarles, y si a menudo les das tu palabra y la cumples, entonces pasarás de ser un representante de ventas a convertirte en su consultor. Gracias a ti, tus clientes tendrán un mayor grado de éxito en su trabajo. Convertirte en un asesor de confianza significa que sabes añadirles valor a tus productos y servicios por encima y más allá de lo que se esperaría en circunstancias normales. El máximo nivel del éxito de un vendedor consiste en convertirse en el asesor de confianza de su clientela.

Un asesor de confianza inspira a su cliente a que lo busque para pedirle consejo, incluso si no es un experto en el área en la que el cliente se encuentra necesitando asesoría en ese preciso momento. Supongamos que estás utilizando los servicios de un abogado y él es muy eficiente ayudándote a planificar y ejecutar transacciones en el campo de la finca raíz. Meses más tarde vuelves a hacer otra inversión y por instinto lo primero que viene a tu mente es que quieres que tu abogado también vuelva a asesorarte durante esa transacción inmobiliaria. Esto se debe a que en ocasiones anteriores él ha sido razonable, responsable y confiable y, por lo tanto, tú quieres que él intervenga y te ayude a manejar nuevas situaciones.

Así mismo, cuando tú, de manera natural, pasas de ser un representante de ventas a convertirte en consultor, lo que esto significa es que sueles ser razonable, sensato, responsable y digno de la confianza de tu clientela; que para ti el uso de la línea de tiempo en el cumplimiento de tus compromisos es un aspecto sagrado en tu vida. Ser visto como un asesor de confianza es el principal objetivo en el ámbito de las ventas. Eso significa que has estado practicando el arte de comprometerte con tus clientes.

Estrategia 3
Mejorar el 1% a la vez

En la medida en que nuestros primeros 30 años de vida van quedando atrás, poco a poco hemos ido logrando parte de nuestros éxitos poniendo en práctica nuestras fortalezas. Ese es el mejor momento para seguir practicando lo que nos ha estado funcionando bien y empezar a enfocarnos en aprender a identificar nuestras debilidades con el fin de trabajar en ellas hasta convertirlas en más fortalezas. Aunque la tarea de hacerles frente a nuestras debilidades parece desalentadora, la sensación de estar atrapados en ellas es aún peor. Por lo general, no nos damos cuenta de que muchas veces una debilidad es tan solo una fortaleza llevada al otro extremo. Por ejemplo, creer en la justicia y el juego limpio es un rasgo admirable. Sin embargo, una persona con una *necesidad exagerada* hacia la justicia y el juego limpio podría llegar a transformar esa cualidad en una característica negativa convirtiéndose en alguien que nadie quiere tener cerca suyo.

El tiempo pasa sin contemplación. Esto quiere decir que dentro de diez años, en lo que sea que decidas hacer, serás diez años mayor. ¿Por qué no usarlo entonces para avanzar en lugar de quedarte atrapado en un estado de remordimientos, desilusiones y dudas? ¿Por qué no aprovechar tus debilidades para elevar tu potencial para ser un triunfador? No cometas el error de esperar hasta que te sientas listo para cambiar por completo. Cuando la gente identifica una debilidad que quiere transformar en fortaleza, muchos llegan a sentirse abrumados por la enorme tarea que tienen por delante y, al no ver el final de su meta, dejan de esforzarse para conseguirla. Ahí es cuando la solución del 1% entra en vigor. Al trabajar constantemente para mejorar solo el 1% por semana en cualquier clase de reto, y utilizando la Ley del Interés Compuesto, al final de un año habrás mejorado en un 68%.

Lee la siguiente lista e identifica cualquiera de las debilidades comunes que sabotean el éxito y luego elabora un plan para convertirlas en fortalezas, un 1% a la vez.

- Cuando me confrontan, justifico y defiendo mis comportamientos y a mí mismo.
- Mi capacidad para sostener un interrogatorio no es mucha.
- Mis habilidades de escucha son pobres.
- Soy perfeccionista y olvido que el perfeccionismo es un crimen contra el éxito.
- Soy incompetente en el manejo del tiempo.
- Soy de mal humor y tengo tendencia a la autoconmiseración. En el proceso, tiendo a culpar a los demás.
- Quiero aumentar mis ventas. Sin embargo, evito hacer llamadas en frío y conseguir prospectos.
- No me siento cómodo con el silencio y hablo demasiado.
- No soy capaz de expresarme por escrito.
- Soy complaciente. Necesito ser querido y, para evitar la confrontación, me excedo en promesas.
- No hago seguimiento y por tanto pierdo oportunidades.
- Soy incapaz de comunicar claramente mis intenciones e ideas, y de direccionar a mi equipo, a mis clientes y a mí mismo.
- Me siento aterrorizado de hablar en público; mis habilidades de presentación están por debajo del nivel profesional.
- No sé cómo ser asertivo ni pedir lo que quiero.

Decide comenzar hoy a transformar cada debilidad en una fortaleza. Muchas personas se sorprenden al comprobar el poder de los intereses compuestos: si yo tuviera que ofrecerte un centavo por día y te prometiera duplicar esa centavo día a día, ¿trabajarías para mí? La mayoría de la gente diría que no porque desconoce el potencial de un centavo duplicado en el tiempo. Permitirte mejorar el 1% a la semana tiene ese mismo potencial, ya sea aplicado a tu capacidad para obtener ingresos o para la vida en general. Todo el mundo tiene puntos débiles. Los que son inteligentes aprenden a implementar un plan de acción para compensar esas debilidades y transformarlas en fortalezas un 1% a la vez y una semana a la vez. Esta es la que se conoce como la solución del 1%.

Estrategia 4
Ser el héroe

Existe un factor inherente a todos los aspectos de nuestra personalidad que, cuando sale a flote, es absolutamente transformador: es la capacidad de ser un héroe, no solo para sí mismo, sino para los clientes, los amigos, colegas y asociados. Es muy probable que pienses que convertirte en un héroe en este campo es fácil, y lo es —pero no sin cierta cuota de complicaciones.

Los tres aspectos de nuestra personalidad entre los cuales nos movemos son: *el héroe, la víctima y el villano.*

Cuando alguien nos hace mal, y nos sentimos indignados y molestos, creemos que somos la víctima. Y lo somos; pero, con mucha frecuencia, no es por culpa de otras personas, sino por el dolor, la ira y la frustración a los que nos aferramos y que minan nuestra mente. Por ejemplo, hay quienes tienden a invitar a otras personas a ser parte de su vida cuando están heridos o lesionados. Y cuando empiezan a quejarse de ellas, las están involucrando en su drama personal al arrastrarlas hacia su propia desgracia y además culparlas de sus lesiones. Quejándose las están sumergiendo en el pantano de sus propias frustraciones y las convierten en lo peor que les ha pasado.

Una víctima es alguien que siente que su estado de ánimo o de bienestar son causados por una persona, circunstancia o cualquier otro agente externo. Esto no significa que en realidad no nos ocurran cosas malas, sino que, en nuestro día a día, tenemos mucho más control del que nos damos cuenta sobre la forma en que sentimos y pensamos. Y como el victimismo requiere de una enorme cantidad de energía, al tomar el papel de víctima, la persona se vuelve incapaz de ejercer la labor de héroe, bien sea para sí misma o para los demás. Muéstrame una mujer valiente y yo te mostraré una mujer muy exitosa. Lo mismo ocurre con los hombres. Un hombre valiente es mucho más exitoso que uno que espera hasta estar 100% seguro antes de dar el siguiente paso. Es muy, muy difícil aprovechar y sacarles la ventaja máxima al coraje, a la pasión, a la capacidad de enfoque y determinación que residen dentro de nosotros si estamos ocupados ejerciendo el papel de víctimas, el cual consume demasiada de nuestra energía.

Cuando uno se convierte en una víctima, el camino de la maldad se hace cada vez más cercano puesto que víctima y villano son en realidad dos caras de la misma moneda. Si alguien me hiere, y yo me doy cuenta de que esta persona comete un error, de repente me convierto en villana y entonces, por supuesto, siempre estoy a la búsqueda del momento y la ocasión para contarle a la gente que esta *horrible persona* me hirió y que esa herida me causó bastante dolor e inconvenientes.

Querer ser un héroe es un objetivo admirable; pero ¿cómo llegamos a serlo? Hay que empezar por tomar la decisión de aprender a permanecer neutral en medio de situaciones difíciles y de peligro. Ser un héroe significa hacer lo correcto simplemente porque eso es lo que hay que hacer, incluso si no nos da la gana hacerlo. Además, ser héroes significa que somos capaces de poner algunas de nuestras necesidades a un lado con el fin de ayudar a los demás. Por supuesto, también tenemos que cuidar de nosotros mismos, alejándonos, por ejemplo, del resentimiento.

Imagínate que te invitan a una reunión para tomar té junto con otros nueve invitados, pero solo hay nueve tazas —entre las cuales hay desde finas tazas de porcelana hasta tazas rotas y manchadas. La mayoría de los invitados se apresura para tratar de conseguir la mejor taza posible. Un héroe daría un paso atrás de entre la multitud pensando: *"Yo no soy quien soy por la clase de taza que use sino porque, sencillamente, soy quien soy y no soy lo que no soy. No necesito luchar ni empujar a otras personas hasta sacarlas fuera del camino para conseguir la mejor taza porque mi autoestima no tiene nada que ver con el hecho de que tenga o no tenga una taza, —sin mencionar la calidad de la misma".*

El acto heroico aquí está en *la elección*. Como todo lo demás en la vida, es la elección más sencilla la que suele marcar la más grande diferencia. Como declaró Peter Senge en su libro *The Fifth Discipline:* "Un cambio, por pequeño que sea, es generador de una buena palanca".

Independientemente de tu ofensor, o de las razones que haya detrás de tus sentimientos negativos, es importante recordar que todo el mundo se reserva el derecho a elegir. Tal vez hoy los demás elijan ser víctimas, o incluso villanos, pero tú también tienes la opción y puedes elegir ser neutral, no dejarte afectar ni convertirte en presa fácil. Puedes optar por no vilipendiar a nadie (ni a ti mismo), haciendo el mal. Verás que los resultados de esa elección serán una tranquilidad y una paz, casi inmediatas.

Recuerda, no existe ningún cliente en el mercado que pueda lograr que te sientas como una víctima, a menos que tú se lo permitas.

Estrategia 5

Implementar el pensamiento crítico para tener éxito en las ventas

A pesar de lo que esta expresión sugiera, y de lo que muchos creen, el pensamiento crítico no tiene nada que ver con pensamientos negativos. De lo que se trata es de ser capaz de ver las situaciones desde las dos caras de la moneda para saber identificar lo que es valioso y lo que no lo es; de tener la capacidad de ir dos o tres pasos adelante de la situación y que, incluso, estés dispuesto a cuestionar hasta tu propia forma de pensar. Pocas personas son capaces, ni mucho menos están dispuestas a hacerlo. Pero tú, por ejemplo, sí eres capaz.

Alguna vez leí que, cuando el sistema de frenos antibloqueo comenzó a ser instalado en los carros, el número de accidentes aumentó. El autor de esta lectura afimaba que este hecho se debía a que la gente tenía más confianza y menos cuidado al manejar. Yo pensé que eso no podía ser cierto pues ¿cuántas personas piensan: *"Bueno, ya tengo frenos antibloqueo en mi auto, así que no voy a ser tan cuidadoso como cuando no los tenía"?* Además, quienes causaron estos accidentes habrían tenido que confesar que iban manejando y pensando de esa manera a fin de validar la opinión de este autor. Aún así, mi curiosidad se activó y me dispuse a encontrar cuál era la causa real de este aumento de accidentes. En otras palabras, puse en marcha mi capacidad de pensamiento crítico.

Me dediqué a investigar y, por supuesto, seguían ocurriendo más accidentes, pero lo que mi investigación demostró fue que en realidad los accidentes se debían a que los conductores bombeaban estos frenos varias veces con el fin de reducir la velocidad siendo que, con los frenos antibloqueo, hay que undir el pie en el pedal y mantener la presión sobre él. Los compradores de autos estaban saliendo de las salas de ventas con autos nuevos cuyo sistema de frenos antibloqueo no conocían y sin recibir las instrucciones necesarias para utilizarlos de manera adecuada. En consecuencia, estaban utilizando sus nuevos frenos como los frenos de antes y cada vez eran más los accidentes producidos por golpes traseros como resultado de la falta de conocimiento.

Mi investigación es solo un ejemplo de pensamiento crítico. ¿Por qué? Porque, cuando escuches algo, no solo es cuestión de que lo creas automáticamente. Es mejor detenerte y preguntarte si lo que acabaste de escuchar es verídico. Pregúntate: *¿Será eso correcto?* Busca pruebas que confirmen o desmientan esa declaración. Uno de los problemas que tienen los vendedores es que consideran el pensamiento crítico como algo similar a la paranoia y no lo es; pensar críticamente es analizar las situaciones desde diversos ángulos.

En cada decisión que tú o tu cliente toman hay riesgos y también recompensas y es necesario que analices qué probabilidades existen en cualquiera de los dos casos. Si la probabilidad de que surja un problema es del 1%, o incluso del 0,01%, pero las consecuencias son catastróficas, es aconsejable que no tomes ese riesgo pues, si hay consecuencias devastadoras frente a un riesgo mínimo, es mejor no seguir adelante ni empeorar la situación.

Te daré un ejemplo real de cómo funcionan en conjunto la evaluación de riesgos y el pensamiento crítico: crecí en una región del norte de Canadá donde el *autostop* solía ser un modo común de transporte así que acostumbraba recoger excursionistas cuando me hacían la consabida señal para que los transportara; no tenía memoria de que alguna vez me hubiera ocurrido alguna desgracia. Por lo tanto, después de trasladarme a otra ciudad, me llevé junto conmigo esa costumbre. Mi pareja siempre se preocupaba al respecto (por decir lo menos) y debatíamos el asunto con bastante frecuencia hasta que un día él estuvo de acuerdo en que... lo más probable era que nada malo me pasaría, pero si *algo* me pasaba, las consecuencias podrían ser devastadoras, no solo para mí, sino para toda mi familia.

El hecho es que, cuando él me presentó la situación de esa manera, nunca más volví a recoger a nadie en la carretera.

La mayoría de los riesgos se presentan con la promesa de una recompensa. Es importante que, para utilizar el proceso de pensamiento crítico de manera equilibrada analicemos no solo los posibles riesgos, sino también las recompensas en potencia. Frente a cualquier decision, yo suelo determinar por lo menos tres riesgos y tres recompensas que podría generar lo que sea que voy a decidir. Luego me pregunto: "¿Cuál es la probabilidad de que algo de esto ocurra y cuál sería la gravedad de las consecuencias?" Si la probabilidad de riesgo es relativamente baja, con consecuencias negativas mínimas, entonces sigo adelante y tomo la decisión. ¿Adivina qué? Tus clientes también hacen lo mismo: ellos también practican el discernimiento cuando miden los riesgos y beneficios de cada decisión y escogen las mejores opciones que puedan bajo tales circunstancias. Por lo tanto, un profesional inteligente en el campo de las ventas se interesa en ayudarles a sus clientes a entender cuales serían los riesgos y beneficios de elegirlo a él y no a otro vendedor y se asegura de que ellos entienden cuales serían las posibles consecuencias y los riesgos de esa decisión. Si tú no les ayudas a tus clientes a hacer ese proceso, ellos lo harán de todos modos. Pero, si te involucras, te estarás dando a ti mismo la oportunidad de aclarles todos los riesgos que ellos creen que han descubierto.

¿Se necesita valor para hacer esto? ¡Por supuesto! Es necesario tener fluidez tanto en la implementación de este tipo de modelo como al explicárselo a tus clientes. ¿Pero sabes qué? En lugar de mostrarte escéptico y negativo, aprende a proyectarte como una persona inteligente y estable, —mas no como un sabelotodo pues lo que en realidad quieres es generar mucho más credibilidad que si solo sigues tratando de convencerlos de los aspectos positivos de hacer negocios contigo sin tener en cuenta cualquier posible falencia de tu producto o servicio.

Comienza por preguntarte cuáles son los riesgos y las recompensas de cualquier decisión que estés a punto de tomar. Una vez que tú mismo hayas dominado este proceso de pensamiento crítico, estarás listo para utilizarlo con tus clientes.

Estrategia 6

Identificar las cinco etapas de desempeño... Desde estar inconscientemente incompetente hasta aprender a mantenerte conscientemente alerta

Existen cinco etapas de competencia en el camino a convertirte en uno de los profesionales de mayor desempeño en tu campo. La primera es la de la *incompetencia inconsciente.* Lo que esto significa es que, cuando inicias un nuevo trabajo, *tú no sabes qué es lo que no sabes.* En mi caso, pasé de ser una enfermera de una Unidad de Cuidados Intensivos a convertirme en la primera mujer que hacía parte del equipo de ventas de Xerox en Toronto. Mi jefe, Bill Irwin, el mejor gerente de ventas en el mundo en ese momento, me tomó bajo su tutela. Estaba preocupado por mí porque él sí tenía claro que, a pesar de que me las ingenié para conseguir ese trabajo, yo no sabía nada acerca de las ventas. Mirando atrás, ahora sé que, al conseguirlo, realmente yo no tenía ni idea de todo aquello que no sabía.

Unos pocos meses después de unirme a Xerox me encontré cara a cara con la siguiente etapa en el camino a ser competente: empecé a ver con claridad todo lo que no sabía. En otras palabras, me hice *conscientemente incompetente.* Por ejemplo, uno de los términos que no entendía en los negocios era *amortización.* No tenía ni la menor idea de lo que eso significa hasta que alguien me lo explicó de esta manera: *"Eres dueña de una vivienda, ¿no es cierto? Pues bien, la hipoteca de tu vivienda significa que tú vas a estar pagando por ella durante veinticinco años ... Eso es amortización".* Día a día, mi nivel de competencia subía y subía hasta que me volví bastante exitosa. Sin embargo, me tomó un año o más salir de esa segunda etapa del camino y entrar en la tercera.

Por lo general, los vendedores promedio que han estado camuflándose entre la multitud durante un tiempo, se encuentran atrapados en ella porque son *inconscientemente competentes.* Es decir, están en la etapa en la que no saben cómo identificar lo que todavía no saben. Se esfuerzan por cumplir sus metas, alcanzan con frecuencia entre el 75% y el 100% de su plan de ventas, han logrado un cierto nivel de éxito y ahora van con la corriente, por así decirlo. Por lo general, tienen la capacidad para adentrarse en *el reino de los triunfadores,* —el cual está reservado para los profesionales de alto desempeño— sino que, la mayoría de las veces, lo que les falta no es actitud, sino más habilidades; pero ellos, a pesar de sus esfuerzos, sencillamente, no son todavía conscientes de qué es aquello que les hace falta para ser totalmente exitosos.

¿Qué necesita un vendedor promedio para convertirse en uno de óptimo rendimiento? La mayoría de la gente involucrada en el negocio de las ventas no lo sabe muy bien, al menos no de manera consciente. El hecho es que los triunfadores perseveran, estudian, se preparan para mejorar y poner en práctica lo que aprenden para tener éxito y luego sí se convierten en gente exitosa que año tras año hace y cumple su presupuesto. Su apertura hacia nuevas ideas y prácticas nunca disminuye a medida que su éxito aumenta. En otras palabras, se vuelven *conscientemente competentes* e incluso saben identificar por qué ganan y pierden sus negocios. No sufren de los altos niveles de miedo, dudas e inseguridad de los que sufre el vendedor promedio a quien, a menudo, es difícil entrenar debido a su aparente éxito. Digo aparente puesto que, a pesar de que suele cumplir su presupuesto, el vendedor promedio podría desempeñarse a un nivel aún más alto del que se encuentra, —si tan solo... Sin embargo, si un profesional de óptimo rendimiento no sabe cómo prospectar nuevos negocios porque hace ya años que no necesita hacerlo, y de repente algunos de sus clientes importantes se fusionan o se van a la quiebra, su competitividad consciente habrá desaparecido y él habrá vuelto al punto de partida: a la etapa de ser *inconscientemente incompetente.*

Un gerente de ventas que ha tenido gran éxito, y que a menudo lleva a sus vendedores a hacer trabajo de campo, diciéndoles: "Observa como lo hago", no está utilizando un método eficaz de entrenamiento porque esos vendedores que están frente a él tienen que interpretar la totalidad de sus comportamientos y observar la dinámica que él maneja, así como prestarle atención a la conversación sobre la venta para luego juntar toda esa información y sacar sus propias conclusiones. En ese caso, lo que en realidad está haciendo ese gerente es poniendo en práctica su comportamiento inconscientemente competente por cuanto no se ha detenido a crear sistemas y procesos concretos para entrenar a los nuevos reclutas. Esto podría deberse a que a lo mejor a él también lo entrenaron de esa manera, cayó como un pato al agua y ha gozado de cierto éxito; pero ¡llegar a la cúpula de rendimiento en las ventas es otra cosa!

Trabajar con profesionales en las ventas que están en la quinta etapa de su desempeño, la cual consiste en ser *conscientemente alertas,* es en verdad una experiencia impresionante. Ellos son los triunfadores que alcanzan entre el 150% y el 200% o más de su presupuesto. Son el verdadero punto de referencia de éxito, los de mejor desempeño y, aun así, están abiertos a seguir aprendiendo y creciendo. A menudo tienen personalidad analítica y se enfocan en triunfar. No son reacios a construir relaciones con sus clientes, pero su agenda principal es proporcionar soluciones que cumplan con una gran variedad de necesidades. Son ellos quienes conforman el 1% superior en su campo, bien sea que se trate de ventas, colocar baldosas, hacer plomería o fontanería o lo que sea.

Un profesional conscientemente alerta sabe con exactitud qué es lo que hace, por qué lo hace y cómo ejecutarlo con precisión y detalle. Él utiliza todos los diversos aspectos del proceso de ventas con el fin de obtener el nivel de éxito que quiere. Además, es el entrenador ideal porque maneja muy bien la lógica y la razón, y sabe a la perfección cuál es el procedimiento a seguir y cómo transferírselo a otros para que lo pongan en práctica. Es un gran líder de ventas ya que no solo entrena a sus vendedores llevándolos a que *miren lo que yo hago,* sino que se sienta con ellos a ofrecerles sesiones enteras de estrategias y, de hecho, les muestra a sus vendedores cómo tomar cualquier acción necesaria para llevar la venta a feliz término. Está dispuesto a ir con los miembros de su equipo a las citas que ellos consigan con sus prospectos y clientela. Diseña sistemas de evaluación y luego les hace seguimiento para probar si funcionan o hay que modificarlos, según sea necesario.

El estado ideal para un vendedor es el de estar conscientemente atento, vigilante. Es importante que te des cuenta de que no es posible alcanzar este nivel tan particular de éxito en las ventas y convertirte en un asesor de confianza si no eres un perfeccionista; el camino para convertirte en profesional de óptimo desempeño en las ventas es estar en continuo aprendizaje. Y, para aprender, tienes que ser un principiante constante. Los perfeccionistas piensan que *no pueden hacer lo que no saben cómo hacer.* Los vendedores conscientemente atentos buscan siempre retos, cosas que no saben cómo hacer y luego entran en ese reino desconocido y aprenden de él hasta que lo dominan reconociendo sus errores y disfrutando de sus éxitos.

Estrategia 7

Ver la autoconfianza como un mito pues ¡nadie confía en sí mismo tanto como debería!

Una de las respuestas más comunes que dan los vendedores cuando se les pregunta por qué no lograron conectarse con las personas encargadas de tomar decisiones de alto nivel en una organización, por qué no consiguieron una cita, por qué no hicieron llamadas en frío, por qué no cerraron un negocio y así sucesivamente, está relacionada con su falta de confianza en sí mismos. Tener confianza en sí mismo, quiero que sepas, es un mito que ¡no tiene nada que ver con el éxito!

En 1995 desarrollé un modelo de éxito que ha resistido la prueba del tiempo. A medida que te vaya adentrando en él, te demostraré por qué opino que la autoconfianza es un mito y por eso tiene poco que ver con tu éxito o el de cualquier otra persona.

Con frecuencia participo con mis conferencias en las reuniones de una organización que está compuesta por un grupo de consejeros delegados que se reúnen mensualmente a lo largo y ancho de Norteamérica y Europa. En algún momento de la sesión, le pregunto al grupo —que suele ser de unos dieciséis participantes—: "¿Cuántos de ustedes tienen toda la confianza en sí mismos que necesitan?" Nunca he visto a nadie levantar la mano. Pero, cuando les pregunto: "¿Cuántos de ustedes sienten miedo, dudas o inseguridad constantes?", todas las manos se levantan.

¿Cuál es la diferencia? Que la gente altamente exitosa tiene la capacidad de tolerar los sentimientos de confusión y miedo que surjen frente a la posibilidad de dar el siguiente paso. Son personas que manejan un alto umbral de tolerancia hacia el miedo y están dispuestas a sentirse incómodas y a ser rechazadas. Por lo tanto, permíteme llevarte por el camino hacia el éxito —el camino de los que son altamente exitosos a pesar de sus miedos.

Primero que todo, necesitas *pasión* para poder combatir el miedo. Pasión es un vocablo latino que tiene dos mil años de edad. Proviene de la pasión de Cristo y en realidad significa *la capacidad de sufrir y morir por una causa*. Lo más probable es que nadie te pida que sufras hasta morir, así que yo he llevado este término un paso más allá. Yo digo que la definición de pasión o motivación es *tener la voluntad de esforzarte e incomodarte más allá de tus propias fuerzas para hacer lo que haya que hacer con el fin de construir tu negocio en el campo de las ventas.* En términos más simples, es tener la *voluntad* para incomodarte en el proceso de conseguir tu objetivo.

En primer lugar, sentimos pasión y luego nos llenamos de coraje, de valor; después de todo, muéstrame un hombre o una mujer valiente y te mostraré una persona de éxito. A la inversa, si me muestras a una persona esperando hasta estar segura antes de dar el siguiente paso, te mostraré a alguien que languidece en los diversos campos de la vida. Simplemente, no es justo tener tanto talento represado a causa de la necesidad de sentirte seguro primero.

Tener valor es tener la voluntad y la capacidad para actuar a pesar de los miedos, las dudas y la inseguridad. Significa que tienes un umbral alto para resisitir la incomodidad, que estás dispuesto a actuar así no sea de manera perfecta y que luego eres capaz de poner a prueba tus acciones y, si es necesario, modificarlas. Haz esto una y otra vez como un ciclo ¿y adivina qué? Te volverás altamente competente y tus competencia te llevará mucho más allá que si te sientas a esperar a tener la autoconfianza que dices necesitar.

Mi querido colega, lo que deberíamos estar buscando es ser *competentes*; solo hasta entonces podremos coquetear brevemente con el hecho de tener confianza en sí mismos. Por eso opino que la confianza en sí mismo es un mito, porque la verdad es que ninguno de nosotros tiene la suficiente. Si me muestran a una persona que dice: "Sí, yo tengo mucha confianza en mí mismo" y yo le pregunto cuál es el siguiente riesgo que debería tomar en su vida personal o profesional, lo más probable es que me responda: "¡Dios mío! ¡Ahora lo entiendo! ¡Usted tiene razón! He estado esperando hasta tener confianza en mí mismo antes de dar el siguiente paso". Aquellos que se sienten seguros de sí mismos, se sienten así solo porque están atrapados en una zona de confort de la que tienen que salir pues, de lo contrario, permanecerán como están. *Si tú no estás viviendo al límite de tu comodidad, entonces estás esforzándote menos de lo que deberías.*

Quiero animarte a luchar por llegar a un punto en tu vida en el que, si te encuentras en tu zona de confort, te sientas incómodo al verte rodeado de tanta calma y sientas la necesidad de buscar una nueva opción. La mejor pregunta que podrías hacerte en ese caso es: "¿Qué haría hoy si tuviera la valentía de hacerlo?" Con el fin de aprovechar tu valentía, debes traspasar la puerta del temor. Primero, surge el temor; ¡pero la pasión y el valor superarán cualquier miedo! La verdad es que todo lo que quieres, por lo menos todo lo bueno, se encuentra al otro lado del miedo. Buena suerte en el viaje a través de él y encárgate de ahí en adelante de llevar las riendas de tu vida y de alcanza tus objetivos.

Estrategia 8

Comprender que el miedo es el impedimento # 1 para alcanzar el éxito

Quiero presentarte una idea un tanto controversial, pero que podría cambiar tu vida para bien: tendrás mucho más éxito si comprendes qué tanto valor tienen el miedo, la duda y la inseguridad cuando se trata de enfrentar retos, ¡y aprendes a hacer de ellos tus tres mejores amigos! El valor hace que el miedo pase a un segundo plano y te ayuda a dar el siguiente paso en la dirección correcta. Con el transcurso de los años, me ha ido quedando cada vez más clara esta curiosa conexión entre valentía y temor. Lo que he llegado a entender es que, cuanto mejor sea la relación que tengo con el miedo, mayor es el éxito que experimentaré pues la capacidad de avanzar en medio del temor me ha abierto oportunidades que, de lo contrario, habría tenido que rechazar. Lo mismo es cierto en tu caso y en el de cualquier otra persona.

La capacidad de ser valiente es un rasgo de liderazgo. Asistí hace un par de fines de semana a un taller en el cual salió a colación el hecho de que la valentía es un rasgo masculino y la capacidad de ser previsivas nos caracteriza a las mujeres. Como te imaginarás, yo estaba indignada al punto en que tuve que contener mi frustración; traté de cambiar ese concepto cuando se abrió la sesión de debate sobre el tema, pero no lo logré. ¿Por qué una mujer inteligente no habría de querer aprovechar el atributo de ser valiente para cambiar su vida? Pero bueno, no importa. Yo trabajo con hombres y también con mujeres y sé que la condición humana es tal que a menudo todos nos encontramos en determinado estado de miedo, duda e inseguridad y necesitamos valor para a hacerle frente a la vida día a día. Y ni los hombres ni las mujeres hemos monopolizado el derecho a ser valientes.

Muchos de nuestros pensamientos son el resultado del miedo y siempre podemos detectar cuando nuestros pensamientos provienen de él porque suelen ser catastróficos, poco realistas y con la intención de detener nuestro andar. Imagínate que hay una pared obstaculizando tu mente y tú decides demolerla porque sabes que todo lo que deseas está al otro lado del camino. Esa pared es el miedo.

Uno de sus síntomas es que, cuando queremos algo, nos limitamos simplemente a desearlo, pero sin hacer esfuerzos para conseguirlo. El valor se basa en la acción. Si no somos capaces de actuar, entonces todavía estamos en las garras del miedo y vivimos una ilusión, pero arraigada en el temor. Con el fin de superar nuestros miedos tenemos que tomar riesgos teniendo en cuenta que la otra cara del riesgo es la recompensa. Pero estas recompensas requieren un cambio de nuestra parte ya que el temor es un pensamiento catastrófico. Siempre es posible detectar cuando el miedo está funcionando en tu mente porque te da una opción, —y es la de quedarte atascado para siempre.

El miedo es una entidad. Es como un sentimiento que no quiere irse y por lo tanto necesitas luchar y ser más listo que él. Otra cualidad insidiosa del miedo es que él quiere que lo compartamos con otra persona porque necesita extenderse como un virus y hacer que todos los que entren en contacto con él también sientan temor, duda e inseguridad. El miedo quiere que lo experimentemos una y otra vez y que no tomemos acción. Pero, si tomamos medidas y actuamos a pesar de él, estaremos actuando con valentía. La acción es el factor determinante en el 99% de los casos que he escuchado sobre gente que ha alcanzado el éxito. Cualquiera que lo alcanzó, ¡primero actuó!

Si comienzas a entender los motivos que existen detrás del miedo, lograrás sobreponerte a él con mayor facilidad. Cuando somos capaces de aceptar que el miedo hace parte de la vida, tomamos riesgos y a veces experimentamos pérdidas, pero también ganamos recompensas y experiencia. Aprendemos a llevar una existencia más fortalecida y emocionante. ¡Nos divertimos y vivimos la vida al máximo! La gente aburrida nunca toma riesgos porque necesita sentirse segura y siempre quiere estar en su zona de confort. Para aquellos de nosotros en el juego de las ventas, asumir riesgos es la única manera de alcanzar la siguiente recompensa.

Estrategia 9

Utilizar el miedo a tu favor: no eres tú, ¡es tu cerebro!

La razón principal por la cual los vendedores no llegan a la cima del éxito que ellos buscan y merecen es su incapacidad para manejar sus emociones y sentimientos, para *desarrollar una relación con el miedo*.

Muchas personas creen que la pereza o la falta de autoestima son las razones detrás de una carrera mediocre, pero creo que la verdadera causa es todavía más primaria; muchos no saben cómo manejar el centro del miedo en el cerebro.

En la parte posterior del cerebro humano hay una pequeña glándula del tamaño de una almendra llamada la amígdala, la cual es el centro emocional del cerebro y es la que nos permite sentir miedo. En los tiempos de los hombres de las cavernas, siempre que surgía una situación de peligro este centro emocional era el que los impulsaba a luchar, huir o quedarse quietos. La amígdala es tan activa hoy en día como lo era en ese entonces. Cada vez que nos enfrentamos a una situación en la que percibimos una amenaza o un desafío, la amígdala se activa y damos un paso atrás en señal de protección. Nos sentimos incómodos e incapaces de manejar la situación y no damos el siguiente paso hacia el éxito. Pero no eres tú; ¡es tu cerebro!

Por fortuna hay otra área del cerebro, el centro ejecutivo, que utilizamos para disminuir la intensidad de nuestra respuesta al miedo. El centro ejecutivo del cerebro, situado en el lóbulo frontal, es responsable de la lógica y la razón y nos ayuda a tomar decisiones de alto nivel y a ser competentes. Nos ayuda a prosperar en áreas en las que otros no. La lógica y la razón contribuyen a calmar la respuesta de miedo en la amígdala. Las personas que reciben una instrucción firme del centro ejecutivo utilizan la lógica y la razón para calmar la amígdala y gracias a esto logran continuar avanzando hasta alcanzar sus sueños y metas.

Además de temor, existe una expresión que te ayudará a combatirlo y es "coquetear con el peligro". En todos los aspectos del proceso de venta, si desarrollamos un plan basado en la lógica y la razón, la respuesta de temor producida por la amígdala se va volviendo cada vez menos y menos destructiva. Todavía funciona. Es solo que sus efectos se ven mitigados y esto hace que dar el siguiente paso no sea tan desalentador. Coquetear con tu amígdala significa que te des la oportunidad de salir de tu zona de confort. Mientras más riesgos enfrentes, más fácil te será enfrentar al temor.

Sin importar lo bien que manejamos nuestra respuesta al temor, este sigue siendo una sensación inevitable aunque no es posible sentir miedo todo el tiempo. Todos nacemos con esa glándula que cada día nos hace sentir miedo ¡y a veces bajo cualquier circunstancia! Cuando una persona me dice: "No tengo miedo", pienso para mis adentros: *"Bueno, solo necesitas enfrentar un riesgo más grande"*.

Mientras que estés acomodado en tu zona de confort haciendo una y otra vez lo que ya sabes hacer, por supuesto que no sientes miedo. Una gran premisa sobre la cual vivir es: *"Si no estoy viviendo al límite de mis capacidades, estoy perdiendo el tiempo"*. La mayoría de la gente evita vivir en ese límite ya que esto hace que muchos sientan miedo, duda e inseguridad. A menudo, les digo a mis clientes que estas emociones son mis tres mejores amigas. ¡Y que serán también suyas cuando ellos empiecen a hacer lo que hay que hacer! Es natural sentirse incómodo incluso antes de intentar una nueva tarea, pero este malestar proviene de anticipar resultados negativos y de un sentimiento de ansiedad que surge ¡incluso antes de que algo ocurra!

La pregunta del millón que a lo mejor te estás haciendo a medida que lees esto es: *¿Cómo logro dominar el miedo?* Con el fin de dominar esta emoción, primero necesitas identificar de qué manera te habla el miedo. Una forma de discernir la voz del miedo es examinando las opciones que elijes; si son siempre negativas, lo más probable es que es el miedo el que te está aconsejando. A lo mejor pospones las cosas o tal vez ofreces resistencia solo a nuevas ideas o retos. Quizá te sientes cansado todo el tiempo. Si todo esto te describe, podría ser que el miedo está tratando de protegerte de que salgas y tomes un riesgo. Seamos realistas: estamos hoy aquí porque nuestros antepasados eran más temerosos que las otras personas que conformaban el clan. Debido a su miedo ellos tenían un mayor sentido de autoprotección que los ayudó a mantenerse vivos. ¡La supervivencia es apenas uno de los multiples beneficios de miedo!

A mi modo de ver, las personas que no tienen una gran actividad de la amígdala, que tienen una amígdala más pequeña de lo normal o que se les ha dañado la amígdala, informan que se sienten como si no estuvieran tan vivas porque no tienen la riqueza de las emociones que produce la amígdala.

Lo que quiero que entiendas es que el miedo es normal. Es parte de nuestra biología. No puedes pensar simplemente en eliminarlo, ni escribir afirmaciones. No puede escribir afirmaciones y hacer que con ellas tus miedos desaparezcan. Está ahí. Así que lo mejor que puedes hacer es aprender a mitigar sus efectos. Así que voy a dejarte con este pensamiento: *todo lo que deseas está al otro lado del miedo.* ¡Y eso incluye tu próxima venta!

Estrategia 10

Hacer que tu temor al rechazo funcione a tu favor

Los vendedores se enfrentan a diario el temor a ser rechazados. De hecho, los vendedores exitosos despiertan por la mañana inconscientemente conscientes de que, para ser proactivos en el manejo de su negocio, necesitan estar dispuestos a ser perdedores felices. Ellos enfrentarán el rechazo, empezarán de nuevo y serán felices en el proceso. Aunque el miedo es común en el entorno profesional, no son muy numerosas las profesiones en el mundo en las cuales la gente, como regla general, se ofrece de manera voluntaria a despertar cada día solo para enfrentar el rechazo una y otra vez.

La mayor parte del rechazo que enfrentan los vendedores se produce cuando ellos tienen el valor de tomar la decision de hacer llamadas en frío para contactar a sus prospectos y solicitarles una cita. Y cuando las hacen, como lo comentamos en el capítulo anterior, a pesar de sus esfuerzos, casi siempre cometen los mismos cinco errores que son tan frecuentes durante el transcurso de esa conversación. Cuando un vendedor hace una llamada en frío y se enfrenta a una objeción por parte del cliente, la amígdala el —eje central del temor en el cerebro— genera toda una serie de comportamientos erráticos en él. Esos cinco errores más frecuentes suelen ser:

1. Hablar demasiado

2. Hablar de sí mismo

3. Hablar de su producto

4. Hablar demasiado rápido

5. No pedir claramente lo que quiere

Estas reacciones frente al miedo contribuyen a no conseguir la cita. Cuando la amígdala se activa y el vendedor no sabe dar respuestas concretas a lo que el cliente solicita, los resultados suelen ser decepcionantes. Por eso es importante que él genere una lista de las objeciones que, según su propia experiencia, normalmente recibe de sus clientes o prospectos al realizar estas llamadas. Luego necesita desarrollar una especie de guion que abarque todas y cada una de esas preguntas, junto con las mejores respuestas.

Sin un guion a seguir para manejar cada objeción, los vendedores a menudo terminan por sentirse abatidos y como cayendo en una espiral descendente. Digamos que la objeción fue: "No tengo tiempo para una cita". Cuando los clientes o prospectos responden así, no significa, literalmente, que *no tengan tiempo*. Tal vez estaban pensando: *"Los últimos tres vendedores que se sentaron frente a mí hablaban sin parar; hicieron su presentación y me hicieron perder mi tiempo"*. Por lo general, los prospectos son demasiado educados para pedirle al vendedor que se vaya. Pero están pensando: *"¡Cierra la boca y lárgate ya de mi oficina"*. Sin embargo, no tienen más remedio que soportar la molestia hasta que el vendedor se vaya por iniciativa propia. Por eso, cuando otro vendedor los contacta, su instinto de autoconservación hace que ellos respondan: "¡No tengo tiempo!" Y es así como su siguiente vendedor recibe un no en seco.

Sin embargo, cuando tú aprendes a *lidiar con esa objeción,* no solo la manejas, sino que no te sientes abatido ya que has triunfado en el sentido de que lograste contactar a tu prospecto. Un ejemplo de cómo lidiar con ese *no tengo tiempo* es simplemente decir: "No me refería a una cita para esta semana y ni siquiera para la próxima. ¿Qué tal le parece el último viernes de este mes? Y, por cierto, si yo fuera usted, me gustaría una cita conmigo ya que sé lo importante que es escuchar lo que tengo para decir". Si aun así el cliente sigue diciendo: "No, la verdad es que no tengo tiempo y no puedo verte", entonces sube la apuesta y aumenta tu juego diciendo: "Hablaba en serio cuando dije hace un rato que no seguiría insistiendo en pedirle una cita si no estuviera seguro del valor que le aportaré, bien sea que trabajemos juntos o no. De hecho, si nos encontramos y usted no encuentra por lo menos tres cosas interesantes respecto a lo que tengo que decirle, prometo darle un cheque por $50 dólares a nombre de su obra de beneficencia preferida".

Cuando hablas con ese nivel de compromiso y confianza, lo que has hecho es elevar tu trabajo a un nivel de liderazgo en las ventas y llevar tu posición de liderazgo al mismo nivel del de tu cliente. Percibir y tratar a un cliente o prospecto como una figura de autoridad, como alguien a quien tú necesitas adular y complacer, te sitúa en un rol infantil de inferioridad. Y eso es justo lo contrario a lo que tus clientes y posibles clientes quieren en un proveedor. La actitud y comportamiento de baja condición se reflejan con claridad en todo lo que decimos y hacemos. ¿Con quién preferirías tratar? ¿Con una persona de estatus elevado o con una de bajo estatus?

Cuando sigues un guion mediante el cual sabes darles manejo a las objeciones, tienes más probabilidades de conseguir tu cita. Si no tienes un guion que contemple todas y cada una de las objeciones que recibes, entonces serás inevitablemente rechazado; casi todos los prospectos te dicen que no por lo menos una vez. Aprende el verdadero poder de manejar las objeciones en mi libro *Say NO to Me! The True Power of Upside Down Selling*. A menos que estés dispuesto a sentirte rechazado, no tomarás el teléfono la próxima semana ni la semana después, ni serás tan exitoso como tus competidores, quienes sí levantarán el teléfono, harán sus llamadas y estarán dispuestos a hacerles frente a sus temores y a posibles rechazos.

Estrategia 11

Aprovechar el poder positivo de la paranoia

Contrario a la creencia popular, se necesita una cierta cantidad de paranoia para tener verdadero éxito en las ventas. Uno de los problemas con los vendedores es que ellos no son lo suficientemente paranoicos. Después de escuchar a los oradores motivacionales exaltar las virtudes del pensamiento positivo, muchos vendedores se han dado a la tarea de dominar el arte del optimismo y el refuerzo positivo. Sin embargo, uno de los problemas con este enfoque es la falta de paranoia. Para poder avanzar en tu carrera necesitas un equilibrio mental saludable, motivo por el cual el optimismo debe equilibrarse con una dosis de pensamiento crítico. Tú debes ser capaz de considerar todas las posibilidades de forma realista y quitarte las gafas de color rosa del pensamiento positivo para que puedas analizar los diferentes factores que contribuyen al éxito o al fracaso de un acuerdo.

Te daré un ejemplo: hace poco me encontré con un cliente que hizo un viaje para ver una propiedad que le interesaba vender. Tanto su prospecto como su competidor directo fueron con él.

Mi cliente regresó muy animado y me dijo:

"¡Sé que voy a conseguir esta negocio!"

"¿Y cómo estás evaluando esa probabilidad?"

"Bueno, mi cliente me hizo más preguntas y pasó más tiempo prestándome atención a mí y diciendo: 'Oh, oh, oh, oh, oh' cada vez que yo respondía a sus preguntas".

"¿Le diste respuestas más largas de lo necesario? ¿Le brindaste demasiada información? Cuando te preguntó qué hora era, ¿le respondiste dónde y cómo hicieron el reloj?"

Me dijo: "Es lo más probable".

Pocos profesionales saben esto, pero los clientes que dicen: "Oh, oh, oh, oh, oh" cuando estás hablando con ellos, lo que en realidad están comunicando es: *"¡Cállate! Ya he oído más que suficiente; me estás aburriendo".*

Por lo tanto, analicemos cuál es la importancia de la paranoia. Si no estás 100% seguro de que obtendrás el negocio, no tienes nada de qué preocuparte. Pero ¿qué tal si es solo un tal vez? ¿O si hay apenas un 50% de probabilidad? Ni todo el optimismo del mundo te ayudará a mitigar el riesgo de que haya solo un 50% de posibilidades de negocio. Además, existen otro tipo de problemas que podrían obstaculizar el trato y detenerlo o demorarlo. Por eso necesitas tener la capacidad de entablar una conversación un tanto paranoica con tu cliente y explorar qué podría salir mal o de lo contrario la oportunidad está en riesgo. Los clientes apreciarán tu enfoque realista pues de esta manera estás evitando que las posibilidades de tus competidores aumenten en gran medida.

Yo solía ser enfermera de una Unidad de Cuidados Intensivos en la que cuidaba de los pacientes que habían sido ingresados después de accidentes o enfermedades graves. Y a pesar de que trabajábamos para mantenerlos con vida, también nos centrábamos en evitar que murieran. Estos son dos modos de pensar completamente diferentes. Cuando el trabajo de los vendedores es para mantener al cliente alejado de la muerte, por así decirlo, el vendedor procura por todos los medios prever los factores que podrían convertirse en obstáculos entre ellos dos y el trato. Esto crea una visión equilibrada de la situación y aumenta las posibilidades de adelantarse a cualquier problema que pudiera surgir. La pregunta que siempre debes hacerles a tus clientes para mantenerlos con vida y evitar que mueran es la siguiente: ¿Cuáles serían esas tres dificultades que podrían obstaculizar que trabajáramos juntos?

Es probable que tu competencia no tenga las agallas o la capacidad de tener estas conversaciones tan difíciles, pero significativas con sus clientes y posibles clientes, lo que significa que tú te destacarías como el líder, como alguien a tener en cuenta.

Estrategia 12

Reconocer cuándo te estás autosaboteando

A lo largo de este libro hemos tratado a menudo con los rasgos y las prácticas de los vendedores élite —aquellos que tienen éxito mes tras mes incluso en medio de las economías más difíciles. Lo que no hemos discutido tanto son los rasgos y prácticas que debemos evitar si queremos alcanzar la cima y mantenernos en ella. Es fácil sabotearnos sin saberlo; muchos hábitos que surgen de manera natural y espontánea a menudo resultan perjudiciales tanto en el ambiente de trabajo como en nuestra vida personal. He aquí algunos:

La falta de participación

Hay personas que no participan; son aquellas que siempre quieren sentirse seguras, saber cuál será el resultado antes de aceptar la oportunidad, que no hacen acto de presencia donde deberían, formulan preguntas rebuscadas y ponen toda clase de trabas y solo viven de ilusiones. Los verdaderos triunfadores están dispuestos a presentarse, participar y conseguir lo que quieren; aceptar un no por respuesta y asegurarse de que sí es un no definitivo antes de darse por vencidos.

Demasiada amabilidad

Una manera en que saboteamos nuestro propio éxito es siendo demasiado agradables y accediendo a todo. Durante los primeros cuatro minutos de reunión con un cliente, la mayoría de vendedores se ha comprometido a ser amable y complaciente en lugar de comportarse como un profesional enfocado en el negocio. Le solicitan retroalimentación al cliente con el fin de tranquilizarse a sí mismos y asegurarse de estar siendo agradables. En otras palabras, son misiles sin ojiva en búsqueda de aprobación.

El chisme

El chisme es como un virus. Cuando chismoseas, las dos preguntas cruciales que deberías hacerte en medio de esa situación son: *¿Será esto cierto? ¿Me concierne?* Por duro que suene, el chisme es como practicar una forma de asesinato mediante la cual asesinamos el carácter de alguien dado que, como la persona en cuestión no se encuentra presente, no tiene cómo protegerse.

De vez en cuando trabajo con organizaciones ayudándoles a crear los estándares de servicio al cliente que sus equipos de trabajo han de implementar. Y como parte del entrenamiento, le pido a cada participante que firme un contrato con uno de sus compañeros que dice esto: *"Si me oyes chismosear, dame un golpe suave en la espalda para recordarme que estoy cayendo en viejos comportamientos"*. El chisme es endémico en la mayoría de las organizaciones. Nada rompe tanto la armonía de un equipo como el chisme.

Soportar y callar

Otra forma de sabotearnos a nosotros mismos sin querer es aguantar una situación difícil con tal de evitar un conflicto. Aunque lidiar con conflictos es un reto para la mayoría de la gente (y alejarse de situaciones viciosas es a menudo la mejor opción), a veces, cuando la gente toma distancia en lugar de confrontar, está siendo pasiva-agresiva puesto que nada se resuelve y la situación empeora.

Te lo dije

Muchas personas necesitan tener la razón todo el tiempo. Incluso prefieren tener la razón que ser felices. El hecho es que tratar de hacer justicia por cuenta propia conlleva al conflicto, aun si el conflicto está solo en tu propia mente porque crees que tu opinión, tu posición y tu visión de las cosas son la única interpretación que existe de lo correcto.

Cuando estoy en los entrenamientos, a menudo les pregunto a los asistentes: "¿Cuántos de ustedes creen todo lo que piensan?" Y lo que descubro es sorprendente: *la mayoría de las personas cree de verdad todo lo que piensa.* El problema aquí es que no aclaran sus suposiciones con las demás personas. Creer todo lo que pensamos elimina nuestra capacidad de negociar puesto que ya no tenemos una mente inquieta.

Hacer mala cara

Hacer mala cara es un acto pasivo-agresivo.

Hece unos años tenía un compañero de apartamento que sufría de la horrible costumbre de hacer mala cara. Un día que él se molestó le dije: "Voy a salir por unas horas, y cuando vuelva, si no quieres hablar de lo que te está molestando, me iré a pasar la noche en otro lugar y por la mañana cuando vuelva, si todavía estás haciendo pucheros, me iré para siempre". Mi compañero no volvió a hacer mala cara porque entendió que no lograba nada con eso. Otro compañero de habitación en esa misma situación podría haberse llenado de resentimiento, pero yo aprendí hace mucho tiempo que el resentimiento y la participación en este tipo de drama te roban la energía que podrías estar usando para hacer algo más productivo.

Está bien que una persona que no tenga habilidades de gran conversadora se sienta incómoda al tratar de iniciar una conversación y explicar: "¿Sabes qué? Algo me pasó y he tenido un mal día. Dame un momento para reponerme". Esto es justo lo que hay que expresar, pero hacer mala cara es una conducta pasiva-agresiva ya que es como mantener de rehén a alguien. Sin embargo, cuando los demás captan esa actitud y la confrontan, el malacaroso tiene que cambiar su actitud porque, de lo contrario, estaría perdiendo.

El desfogue

Sin la capacidad de discernir podemos mirar a los demás y juzgarlos mal porque nos parece que lo que hacen no es lo que nosotros haríamos en esa misma situación. Como resultado de ello, muy a menudo hacemos juicios equivocados y sentimos la necesidad de desfogarnos.

A modo de ejemplo, la semana pasada mi peluquera me invitó a una clase de yoga y durante el camino parecía una loca de atar en su manera de manejar: manejaba descontrolada, pasaba carros por la izquierda y por la derecha e insultaba a los otros conductores. Nunca volveré a otra clase de yoga en su carro. Ella puede venir conmigo y yo conduzco, pero nunca más volveré a presenciar ni a sufrir su enojo al manejar. Estaba tan ocupada mostrándoles a otros lo equivocados que estaban que no veía su propia ansiedad. Al conversar con ella le confesé que había decidido mantenerme neutral y que me sentía un poco incómoda. Ella me dijo: "No, no es nada personal; esa es mi manera de desfogarme. Tan pronto como me bajo del coche, estoy bien". ¡Por supuesto que necesité la clase de yoga después de semejante viaje en su carro!

Necesitamos saber cómo hacerles frente de manera saludable a las situaciones que nos generan estrés. Es un mito creer que desfogarnos con los demás alivia nuestra presión emocional. Nada mas lejos de la verdad. En mi caso, me sentí ansiosa como consecuencia de su manera de conducir y de sus arrebatos emocionales. Ella *no me hizo sentir* de esa manera; esa fue mi propia reacción frente a la situación. Me sentía crítica frente a su conducta y quería mantenerme neutral. Mi primera reacción fue sentirme frustrada y criticarla, pero gané mi lucha interna y procuré darle al asunto una respuesta más neutral diciendo: "Aun en medio del tráfico pesado yo suelo ser una conductora Zen; me estoy dando cuenta de que tu forma de conducir es estresante. ¿Debo preocuparme al respecto?" Al menos así le dejé saber lo que yo estaba pensando.

Cuando somos capaces de confrontarnos a nosotros mismos a través de este proceso y hacemos un inventario de nuestros propios rasgos particulares y luego los corregimos, nos comportamos como agentes y no como víctimas. Un agente es alguien que puede cuidar de sí mismo y de otra persona. Una víctima es alguien que piensa que su estado de ánimo y situaciones son causados por otra persona. ¿Qué necesitas tú para convertirte en un agente neutral?

Estrategia 13

Aprender cómo un introvertido puede convertirse ¡en un gran conversador!

Muchos de mis clientes son científicos, ingenieros y técnicos expertos dado que los individuos que pertenecen a estas áreas tienen la capacidad de ser muy analíticos e introvertidos, y por lo general no se ven a sí mismos como buenos vendedores. Nada mas lejos de la verdad.

La Harvard Business School hizo hace poco un estudio mediante el que se encontró que el típico vendedor, el realmente simpático y extrovertido, es percibido como poco creíble. Por lo tanto, los ingenieros, científicos y expertos técnicos podrían tener una ventaja sobre el resto de los vendedores del mundo; solo hay que descubrir su potencial.

Lo que me gustaría hacer ahora es explicarte cómo es un proceso de venta simple. Este proceso muestra que, ya sea que se trate de que eres una persona introvertida o extrovertida, tú tienes la capacidad de producir un gran impacto sobre tu cliente.

Hace unos treinta años había en el mercado un libro llamado *I'm OK; You're OK* que se convirtió en un *bestseller* internacional. Describía un proceso de comunicación según el cual cada conversación se consideraba una *transacción*. Al analizar cada transacción, se determinaba que provenía desde el punto de vista de un padre, de un adulto o de un niño. Lo ideal es conversar desde la perspectiva de un adulto porque este estilo de conversación es libre de expresiones controladoras asociadas casi siempre a una persona con una actitud paternal (así deberías hablar) y también lejos del egocentrismo y el escaso deseo de rendir cuentas (*No fue mi culpa; tú me obligaste*) típicos del modo en que se comunica un niño.

Por lo general, cuando los vendedores se reúnen con un prospecto sus expectativas son altas y sienten miedo, duda o inseguridad. Debido a esto, es probable que se expresen desde la perspectiva de un niño. Es decir que percibirán al cliente como un padre del cual requieren aprobación y se acercan a él utilizando un lenguaje como de niño intentando apaciguar al cliente en lugar de entenderlo de una manera pragmática. Además, lo exploran en busca de señales de aprobación y simpatía y si no las reciben, se sienten incómodos. Cuando un vendedor, o un experto técnico, trata al cliente como a un igual, de un adulto a otro, la conversación es mucho más productiva. Cuando nos acercamos a nuestros clientes y posibles clientes como iguales, nos comunicamos a un nivel mucho más alto que alguien que se comunica como un niño, —cuyo objetivo primordial es: "*Por favor, apruébeme y simpatice conmigo*".

Las conversaciones de un vendedor que emplea un lenguaje adulto irán a la par con la de su prospecto o cliente y tendrán un resultado mucho mejor que si utilizara un enfoque de padre o de hijo; sus conversaciones estarán llenas de contenido porque este tipo de vendedor no solo hará preguntas abiertas o cerradas, sino que no se tomará la mayor parte del tiempo hablando demasiado ya que tendrá preguntas sensatas acerca del asunto en discusión. Y, como ya habrá hecho una investigación preliminar acerca de su prospecto o de la industria a la cual pertenece, toda esa información le servirá para hacer preguntas adecuadas y ofrecer propuestas inteligentes y prácticas que le brinden al cliente soluciones viables.

Una conversación adulto a adulto no incluye ninguna recriminación, ni culpas, ni resentimientos debido a que proviene esencialmente del hecho de aplicar una mentalidad de *agentes* y no de *víctimas*. Las víctimas son aquellas personas que creen que su estado de ánimo o circunstancia actual son causados por los demás. Su conversación es por el estilo de la de un padre crítico o un niño.

Para ser un agente tienes que saber que tú puedes cuidar de ti mismo al tiempo que te ocupas de los demás; este es el rasgo más admirable de un adulto. Una nota interesante es descubrir que el tipo de conversación que utilizamos con los demás es el mismo que sostenemos con nosotros mismos.

En un escenario de ventas tú estás obligado a cuidar de ti mismo y al mismo tiempo de tu cliente procurando entender al máximo sus circunstancias. Una forma de lograrlo es escuchar sus mensajes con comprensión y sin lanzar juicios. Los clientes que utilizan el tipo de diálogo infantil son los que sufren de rabietas. Ellos son los que no se responsabilizan por nada que vaya mal en sus proyectos... incluso si su proyecto se retrasa debido a que su departamento legal no firmó el contrato. Por otra parte, una persona que se desempeña en ventas con una perspectiva como de niño se agitará y se pondrá tensa durante el proceso de comunicación con su cliente. Y en su esfuerzo para disminuir su estrés, se quejará con todos los miembros del equipo hasta llegar a desesperarlos. Los niños pretenden involucrarte en sus dramas; el adulto simplemente quiere solucionar la situación. Por eso, en una conversación cuyo propósito son las quejas, una persona que ve las cosas desde el punto de vista adulto crea los límites necesarios y hace un comentario como: *"Enfoquémonos en la solución y evitemos el drama"*.

Si te fijas en los correos electrónicos y otras formas de comunicación escrita, encontrarás que alguien que escribe desde la perspectiva de un niño lo hará en primera persona del singular, es decir, utilizando términos como *yo, mi, mío o a mí*. Alguien con una mentalidad de adulto practicará el buen hábito de preguntar e investigar sobre el asunto y se informará antes de hablar al respecto; sus pronombres favoritos serán nosotros o nuestro. Preguntará: "¿Cómo puedo ayudarte? ¿Qué problemas estás enfrentando?" No saltará a dar soluciones hasta que no esté bien enterado de los pormenores de la situación.

Este es un tema sobre el cual bien vale la pena investigar. Si deseas obtener más información al respecto, te sugiero que busques en tu tienda favorita de libros usados el título *I'm OK. You're OK*. También podrías buscar en Google la frase *análisis transaccional* y encontrarás mucha más información. Este no solo es el estilo de comunicación más efectivo con los clientes, sino también para cambiar o entablar cualquier relación.

Estrategia 14

Seguir los seis pasos para hacer una confrontación respetuosa

La mayoría de nosotros ha tenido experiencias molestas con personas que no tienen ni la menor idea de cómo confrontar a los demás, —hecho que es bastante común. Menos mal que también están aquellas con las que siempre es agradable sostener una conversación productiva.

A modo de ejemplo, supongamos que tú y yo estamos en una reunión de ventas junto con otros colegas y tú estás a cargo de dirigirla; o que tú eres un participante y yo otro. Digamos que mi atención no está puesta en la reunión, o que es mínima y estoy haciendo ruido, pintando garabatos en las márgenes de mi agenda, suspirando y blanqueando los ojos en señal de impaciencia. En pocas palabras, no estoy contribuyendo a la conversación y tú estás comenzando a sentirte cada vez más molesto. ¿Qué puedes hacer para ponerle fin a mi comportamiento? Bueno, tiene dos opciones: resentirte conmigo o aclarar la situación. Aclararla es bastante difícil porque casi todos les tenemos un miedo innato a las confrontaciones. Basada en esto, he desarrollado un proceso de seis pasos que te ayudará a hacerle frente a cualquier tipo de confrontación y te ayudará a decir casi cualquier cosa a prácticamente todo el mundo, pero con un alto grado de elegancia y mesura.

El primer paso es cuidar la relación. En el ejemplo de nuestra reunión de trabajo, habrías podido decirme: "¿Sabes una cosa, Alice? Cuando vienes a las reuniones de ventas, yo espero con mucho interés tus comentarios y opiniones porque suelen ser muy valiosos". Luego, prosigues pidiéndome la posibilidad de hablar sobre el tema diciendo, por ejemplo: "Pero me gustaría discutir contigo una situación que es un poco fuera de lo común y que me está molestando. ¿Podríamos hablar al respecto? ¿Es este un buen momento o hablamos más tarde?" Por lo general, la persona en cuestión estará de acuerdo en conversar.

Una vez de acuerdo, el siguiente paso es explicarle la situación: "He notado que durante las últimas tres reuniones has estado distrayendo al resto del grupo jugando con tu lápiz, con tus papeles, haciendo otras cosas por el estilo. Me siento irrespetado. Es como si ya no quisieras ser parte del equipo".

Es muy importante utilizar la primera persona del singular tanto como sea posible elaborando frases como *Yo me siento* en lugar de *Tú me hiciste sentir*. Cuando hables con alguien sobre algo que te molesta, decir *Tú me hiciste sentir* es una acusación que inculpa a tu interlocutor. Al hacer esta declaración, —y esto es muy común— lo haces a él responsable de tus sentimientos cuando lo cierto es que nadie mejor que tú eres responsable de ellos.

El uso de la primera persona marca un gran diferencia. Después de haberle explicado la situación es necesario darle a la otra persona la oportunidad de opinar. Sería adecuado decirle: "¿Qué opinas, Alice? ¿Desde tu punto de vista, cuál es la situación? Prometo que sea lo que sea que me digas, no me molestaré. Por el contrario, te lo voy a agradecer".

¿Por qué es tan importante darle a tu interlocutor esa seguridad? Porque, cuando la gente pide retroalimentación, pero no le dicen lo que quiere oír, muchos reaccionan de forma negativa. Decir: "Prometo que lo que usted me diga no me molestará; permaneceré neutral y tan solo le daré las gracias" genera una sensación de seguridad. Algo que he aprendido al trabajar durante todos estos años con adultos en numerosos entornos del aprendizaje es que, si ellos se sienten atacados, no serán receptivos a lo que les digas, no importa qué tan brillante o válida sea tu opinión. No podemos criticar ni avergonzar a nadie ni siquiera en aras de generar un cambio en ellos o de querer conducirlos hacia el éxito.

En este ejemplo, teniendo permiso para ser honesto, yo diría: "La verdad es que tienes buenas ideas, pero eres muy reiterativo. Cuando escucho una idea una vez, la entiendo; pero, cuando comienzas a repetirla, me aburres e insultas mi inteligencia. En consecuencia, pierdo la atención. Sé que debería habértelo dicho antes, pero hoy sí ya me cansé".

Cuando somos nosotros los que estamos en el extremo receptor, esta retroalimentación es difícil de digerir y la respuesta más adecuada sería decir: "¿Cuál debería ser el siguiente paso? ¿Qué me aconsejarías?" Y cualquiera que sea la retroalimentación que esa persona nos dé, no reaccionemos a la defensiva. Cuando vamos paso a paso a través de este proceso, es casi imposible que alguien llegue a molestarse o a permanecer enojado.

Estrategia 15

Aprender a aceptar a esa persona que te saca de paciencia

Si logras aprender a aceptar a esa persona que tanto te molesta, recuperarás la energía que necesitas para alcanzar tus objetivos diarios y a largo plazo. A lo mejor se trata de alguien en tu trabajo, en casa o cuando vas conduciendo tu carro. Cuando nos enojamos con alguien, nos olvidamos de que también hay otras personas que tienen razones válidas para molestarse con nosotros. Después de todo, ¿quién es perfecto? En todo caso, existe otra gran razón para no mantener resentimientos ni criticar a los demás: que al hacerlo, estamos utilizando hasta nuestras reservas de energía haciendo tantas críticas —nuestros preciosos 20 a 25 galones de energía que producimos a diario.

Supongamos que hay gente que te irrita bastante. Sin embargo, a pesar de ellos, tú estás en la capacidad de mantener tu propia tranquilidad, sobre todo si tienes en cuenta que, así como hay en los demás un 25% de razones por las cuales ellos te sacan de paciencia, también hay por lo menos un 25% de razones por la cuales tú también sacas de paciencia a los demás. Y en tu impaciencia es posible que hables de ellos a sus espaldas y le cuentes a la gente acerca de sus rasgos particularmente molestos, pero esto es lo que sucede: a ti y a mí se nos olvida que todos le caemos mal a alguna persona en algún momento determinado. Pero, mientras estamos en el proceso de sentirnos molestos con esa persona y la juzgamos, nos subimos a nosotros mismos en un pedestal y la empujamos a ella hacia el abismo.

Por esa razón, cuando alguien me molesta y da la casualidad de que me encuentro en el que llamo mi estado iluminado, me hago esta pregunta antes de enfadarme con esa persona: *¿qué habrá en mí que haga que quienes me rodean me critiquen?* ¿Qué tan benévolos e indulgentes son los demás con respecto a los rasgos que yo tengo y que son molestos para ellos?

Las corporaciones dependen de que sus miembros sean participantes de alto rendimiento en diversos proyectos y, por lo tanto, el trabajo en equipo es muy importante. Pero, cuando somos parte del equipo y estamos estresados porque se acercan las fechas límite de entrega de resultados, es fácil señalar a los demás y encontrar errores en ellos. Y al hacerlo, empezamos a sentirnos superiores, y esa superioridad conduce a la arrogancia, a la prepotencia que nos lleva a tener una falsa autoimagen. Ser humilde significa tener el deseo de aprender, pero hacer juicios hacia otros y ser arrogantes son síntomas de que *ni damos, ni recibimos.*

Cuando mantenemos la falsa imagen de que somos irreprochables, el dedo apunta siempre hacia los demás sin tener en cuenta que por lo menos un 25% en nosotros es molesto para alguien. Encontrar faltas en quienes nos rodean nos conduce a experimentar un sentimiento de superioridad que conlleva a la arrogancia, el cual a su vez genera en nosotros una falsa imagen de sí mismos así como de aquellos en quienes estamos encontrando faltas.

Sin embargo, ¿adivina qué? Nadie quiere tratar con alguien que sea perfecto. Imagínate cómo sería una reunión en la que hubiera a la entrada dos recipientes llenos de las tarjetas de identificación de los invitados y que tú tomaras una de ellas con tu nombre indicando: *"Hola, mi nombre es Jamie y soy perfecta. Soy segura de mí misma y jamás cometo errores";* y que en el otro recipiente hubiera otra que dijera: *Hola, mi nombre es Jamie; soy imperfecta y me siento atemorizada de vez en cuando".* ¿Cuál elegirías? Con quién preferirías hablar? Sospecho que con gente que admite ser perfectamente imperfecta que con personas que proclaman tanta autoconfianza.

Permítete ser paciente con tus prospectos, clientes y proveedores imperfectos, y lo que es más importante: permítete ser paciente contigo mismo. Cuando nos percibimos como seres imperfectos, nos deleitamos en nuestra capacidad para conectarnos con mayor facilidad con los demás y experimentamos un alto nivel de compasión por todas las personas que conocemos. Ellas, sean quienes sean, son imperfectas, tal como nosotros.

Estrategia 16

Desarrollar la habilidad para tratar con personas difíciles

Este es un tema que merece enorme atención ya que te ayudará a comunicarte mejor, a comprender más a todo el mundo y a encontrar la manera más eficiente para tratar con personas difíciles.

Es importante que te hagas esta pregunta: ¿existen ocasiones en las que me veo tentado a convertirme en una persona difícil?

En cualquier situación, siempre es útil que seamos capaces de manejar nuestras percepciones. Por ejemplo, una persona que está ubicada en un rango alto de afabilidad hacia los demás puede percibir cuando otra es asertiva o conflictitva. Supongamos que el proceso de comunicación está cuantificado en una escala de uno a cien. Teniendo en cuenta esta clasificación, si tu percepción de ti mismo es que eres un comunicador efectivo, te calificarás cerca a cien. Por otro lado, si te percibes como un comunicador asertivo, entonces tu calificación será un promedio de cincuenta; sin embargo, esta calificación podría fluctuar porque nadie se comporta igual durante todo el tiempo. Por su parte, una persona no tan afable se calificaría a sí misma en el extremo inferior de la escala.

Pero, aun si eres altamente agradable, en esta misma escala de uno a cien, recuerda que todos contamos con ese 25% menos de afabilidad, según el criterio de los demás, y si la persona que trata contigo responde de manera asertiva (cincuenta), ella simplemente está siendo asertiva aunque tú la percibas como conflicitiva. Vamos a suponer que estás tratando con alguien que tiene un puntaje de ochenta y que tu promedio es de veinte en esa misma escala. Es probable que te sientas ansioso y hasta arrinconado. Si estás muy alto en la escala de afabilidad, es factible que te sientas nervioso y ansioso frente a las confrontaciones ya que, para una persona que es muy agradable, cualquier recepción o reacción por parte de los demás hacia ella que no sea agradable, suele parecerle muy estresante. Si tu ansiedad y estrés sociales son demasiado altos, y observas que tu estilo de comunicación no te funciona, entonces necesitas trabajar en ese aspecto hasta convertirte en una persona más asertiva.

En mi experiencia, he notado que es más fácil para una persona muy agresiva moderar su estilo de comunicación ya que ella sabe que se mete en problemas cuando los demás se deseperan con su manera de comportarse. Por otra parte, ¡casi nadie se enfada con una persona afable!

El primer paso en el proceso de tratar con gente difícil es establecer los tipos de personalidades involucradas en la interacción. Déjame darte un ejemplo personal: mi pareja es bastante afable. Temprano, esta mañana, le envié un correo electrónico y le pedí un favor. Le solicité (y siempre le digo a la gente que se sienta en libertad de decirme que no sin que esto cause en mí ningún tipo de resentimiento) que nos viéramos en la ferretería para comprar algunos grifos. Después de esperar casi todo el día y no escuchar de él, me pregunté si no me habría respondido porque en realidad no está de acuerdo, pero debido a su afabilidad le resulta complicado decirme que no. ¡Supongo que podría tomarle un par de años más creer que de verdad no habrá consecuencias negativas si me dice que no!

Me he dado cuenta de que, cuando le pido que haga algo que no quiere hacer, él tiende a reírse y reponderme con evasivas (pero de manera agradable) y, como ya lo conzco, yo interpreto esa actitud como un *no*. Este sigue siendo un estilo de comunicación eficaz entre nosotros porque así nos entendemos y aceptamos el estilo de comunicación de cada uno. Él se siente entendido porque ve que yo no tengo la intención de cambiarlo y yo, por mi parte, ya sé que en algunas ocasiones debo ocuparme por mi cuenta de lo que quiero hacer. Yo le hago dos peticiones claras, y si no recibo una respuesta igualmente clara, entonces me las ingenio para ver cómo realizo de otra manera lo que necesito; por lo general lo hago sola o lo escribo en mi lista de "cosas por hacer" y después le pago a alguien para que lo haga. Este proceso mutuo significa que no hay líos, ni problemas, ni resentimientos entre nosotros. Que mi pareja me ayude o no en todo lo que tengo que hacer es lo de menos; lo más importante es que nuestra relación sea de apoyo mutuo. Para una persona agradable, alguien que reaccione en la que parece ser una forma agresiva podría ser el detonante para que ella se sienta insegura.

En el segundo paso, digamos que estás hablando con una persona que es altamente reactiva y que responde en una escala de uno a cien como en un ochenta; esta persona está siendo desagradable o difícil a su manera. En esta situación, es importante que establezcas límites. En principio, suele ser una gran idea, pero le resulta muy difícil de ejecutar a alguien afable. Un ejemplo de fijar un límite personal es decir, "No más; este tipo de interacción no es para mí". Mi acuerdo con mi pareja es que, si no escucho de él un *sí* o un *no* definitivos, haré lo que creo que debo hacer y después él no tendrá motivos para quejarse de mi decisión. No hay ira entre nosotros porque tenemos un acuerdo *explícito* al respecto, que, de por sí, es un límite. Establecer un límite es manifestar lo que tú estás o no dispuesto a hacer; a aceptar o no; a tolerar o no. Cuando se trata de elegir pareja, parece ser que una persona de caracter afable y una asertiva a menudo son una buena combinación, así que, a la larga, es imperativo elegir cierto tipo de comunicación.

Una habilidad que es desesperadamente necesaria, pero no muy anhelada en esta sociedad, es la capacidad para crear límites sanos y respetuosos en cualquier clase de interacción. Si no puedes crear tus propios límites, entonces tendrás que aceptar lo que venga. Si puedes crearlos, aun así seguirán habiendo infracciones en contra de ellos, pero tú no tienes que aceptarlas porque al establecer tus límites estás adquiriendo voz y voto. Crear límites produce temor porque tenemos que defenderlos y correr el riesgo de tener que confrontar a quienes los infrinjan, y para la mayoría de la gente, incluso para aquellos con una conducta agresiva, uno de los mayores temores es la confrontación ya que es exponerse en alto grado a lo desconocido. A las personas agresivas no les gusta la confrontación, ni a cualquier otra persona, y esa puede ser en parte la razón por la que muchos son agresivos: para poder controlar la situación cuando se produzca el enfrentamiento. Todos tenemos voz y voto –y la gente asertiva puede utilizar el 100% de su voto. En cuanto a las personas afables, ellas tienen desde el principio un solo voto: sí.

Al tratar con personas difíciles debes entender que estás entrando en un campo minado de emociones para ambas partes. La respuesta típica a sentimientos negativos es atacar y contraatacar; ¿recuerdas la amígdala? Agradezcámosle a esa pequeña glándula por nuestros hábitos defensivos.

Cuando actuamos por miedo, estamos creando o exacerbando ese campo minado de emociones lo cual es peligroso porque alguien tiene que estar *a cargo de la solución*. La primera persona que adopte este papel es la que, por lo general, toma la posición de liderazgo porque ella es la que busca ante todo *entender la situación desde el punto de vista de la otra persona*. Si alguna vez has leído el libro de Stephen Covey, *Los siete hábitos de la gente altamente efectiva*, recordarás que uno de los elementos clave sobre los cuales él escribe es buscar primero comprender al otro. Cuando hacemos eso, somos capaces de poner nuestra ansiedad y frustración a un lado para alentar a los demás involucrados. La persona neutral será capaz de pensar: *"¿Me pregunto qué está causando esto? ¿Qué estará sintiendo esta persona?"*

Tengo un concepto que me ayuda a trabajar con personas que reaccionan en todos los espectros, desde agresivo hasta asertivo: estoy convencida de que cada persona con la que interactúo está feliz, triste o enojada y es muy probable que esté enfrentando por lo menos tres problemas personales con los cuales está luchando a la vez. Tan pronto como un problema se le resuelve, surge otro; algunos días, varios problemas al tiempo se vuelven demasiado para una sola persona y es entonces cuando se desata un infierno ¡porque alguien le lanza una bocanada de fuego! Cuando me reúno con alguien cuyo temperamento es agresivo, implemento este concepto y me siento capaz de ser mucho más tolerante, y, antes de reaccionar a la defensiva, me pregunto: *¿Qué cargas en su vida estarán causando que esta persona sea tan difícil?* Esta simple pregunta permite que el poder calmante de la compasión surta su magia sobre la situación. El líder no es el que grita más fuerte; es el que se centra en la búsqueda de una solución. Un buen líder puede alterar el curso de la conversación y hacer que un arranque de ira dé un giro hacia el respeto ¡y se produzca un mejor resultado!

Cuando buscamos primero entender, nos salvamos de tomar decisiones precipitadas y podemos ser neutrales. Pero es difícil ser neutrales cuando se activan nuestras emociones. Tratar de entender al otro es contrario a nuestro instinto de supervivencia. La compasión es una respuesta aprendida y se basa en el deseo de tratar a los demás con ecuanimidad y gracia. Y esa es una respuesta que requiere de valentía. Recuerda que el valor no es algo que fluye por nuestras venas; el valor es una decisión que hacemos justo antes de reaccionar.

Es difícil hacerlo, pero es importante limpiar el terreno animando a aquellas personas que parecen ser difíciles a que nos digan cómo ven la situación desde su punto de vista. Queremos saber:

- ¿Qué tal te parece?

- ¿Que ocurrió?

- ¿Cuáles fueron las consecuencias?

- ¿Cuáles son tus sentimientos y/o frustraciones?

- ¿Por qué estás siendo tan difícil (según tu perspectiva)?

- ¿Cuál es la solución?

- ¿Qué clase de ayuda necesitas?

Voy a contarte una experiencia personal: hace poco tuve un problema con una tienda de electrodomésticos. Se trataba de unas estufas. Ordené tres estufas: una con sistema de fogones de resistencia era para mi casa y las otras dos para otra de mis propiedades. De las dos que iban para la otra propiedad, una también era de fogones, pero la otra era de inducción electromagnética. Pero luego decidí que yo no quería una estufa de fogones para mi casa, lo cual significaba que la estufa de inducción electromagnética era para mí y las otras dos de fogones iban para la otra propiedad. ¿Estás confundido? Los encargados de hacer las entregas sí lo estaban y entregaron dos estufas con fogones de resistencia en el otro lugar y dejaron en el almacen la estufa de inducción electromagnética que debían entregar en mi casa. Cuando me di cuenta de que no me habían llevado mi estufa, me comuniqué con el almacén y ellos no lograban encontrar la estufa de inducción electromagnética e insistían en enviar a mi casa una estufa de fogones de resistencia. Después de varias llamadas a servicio al cliente ya estaba desesperada y decidi llamar a la gerente general. Después de una breve discusión, ella entendió la situación y se comprometió a solucionar el problema. Yo le solicité que hiciera una verificación del pedido y me llevaran mi estufa en un plazo de tiempo específico, con lo cual ella estuvo de acuerdo. Al día siguiente, me llevaron otras tres estufas a la otra propiedad y ninguna de ellas era la que yo solicitaba, ni para el sitio que era. ¡Ahora tenía cinco estufas en mi segunda propiedad!

Una vez más, llamé a la gerente y le pedí que me ayudara a solucionar esa situación tan empantanada ¡de una vez por todas! Le expliqué toda la historia, casi que con más detalles de los que ella quería o necesitaba, y cuando ya me había escuchado sin interrumpirme, dijo: "Siento que todo esto haya sucedido. Debe haber sido un inconveniente muy frustrante para usted. ¿Qué podemos hacer para recompensar su mal rato?" Ella se identificó con lo que yo sentía, me ayudó a deshacerme de mi frustración y me hizo sentir que yo estaba en buenas manos. A medida que se tomaba el tiempo para aclarar la situación, yo también empecé a buscar una solución que implicara ganar-ganar. Yo no estaba molesta; tan solo estaba tratando de resolver el problema, que es lo mismo que desean la mayoría de las personas "difíciles".

Si nos mantenemos neutrales, estamos en mejores condiciones para intercambiar ideas con otros y encontrar una solución más eficiente. Cuando actuamos llevados por nuestra frustración e ira, el problema se intensifica y la solución es menos equitativa para ambas partes. Si estás prestando un mal servicio, tus clientes pueden hacer lo que yo hice e incluso solicitar un servicio extra que compense su molestia; asume que este podría ser tu caso y ten lista una concesión para desagraviar a tu cliente. Si no la necesitas, no habrás perdido nada; pero, si se hace necesaria, estar preparado de antemano solo será una muestra de tu profesionalismo.

La siguiente etapa es ponerse de acuerdo sobre los pasos a seguir (es importante tener en cuenta que no llegarás a esta etapa si estás a la defensiva o si incurriste en alguna actitud defensiva al justificarte durante el tiempo que necesitaste para lograr entender la situación de tu cliente). Debes hacerle seguimiento a la situación junto con tu interlocutor para que los dos se aseguren de cuáles serán las medidas acordadas para que, cuando se den la mano, sea para comprometerse a trabajar juntos, o tú comprometerte a trabajar por tu parte. A veces es necesario estar en desacuerdo cuando algunas situaciones aún no están resueltas. A veces las peticiones o expectativas de los clientes no son realistas. La intención es trabajar y que el resultado sea beneficioso para todos.

Cuando la intención es tener un resultado beneficioso para todos, yo diría que entre el 80% y el 90% de las veces alcanzarás ese resultado porque las personas que se involucran en alto grado en el problema están más inclinadas a resolverlo. La solución tiene que ser importante para el interesado porque así él se esforzará en conseguirla. Sería interesante si todos pudiéramos tomar conciencia de las veces en que nos convertimos en personas difíciles, ya sea de manera pasiva o agresiva.

Ser agradable no significa que nunca seas percibido como difícil. La gente, en ambos lados de la escala, puede ser difícil, y cuando nos damos cuenta de eso, somos más capaces de abstenernos de juzgar y lanzar nuestros juicios sobre otras personas con mayor severidad de la que nos juzgaríamos a nosotros mismos.

Cuando se trata de lidiar con gente desagradable, puede ser muy tentador quejarnos amargamente con otras personas. Piensa en esa posibilidad como si fuera un mal virus, pues quejándote estás volcando tu virus sobre los demás y también los estarás enfermando. Cuando les relatamos nuestras historias sobre personas difíciles o clientes difíciles a otras personas, en realidad les estamos robando su tranquilidad y les entregamos nuestras frustraciones; esa es una transacción que tiene como resultado ganar-perder: tú ganas y quienes te escuchan pierden.

Además, por favor no trates de reivindicarte a ti mismo al decirle a la gente acerca de lo complicadas o desagradables de manejar que son estas personas o clientes difíciles. No, no es fácil que te abstengas de ventilar la situación frente a otros, pero convertirte en un quejumbroso no es la respuesta. Si quejarte y ventilar situaciones complicadas es tu instinto, necesitas trabajar duro para hacerte consciente de ello y trata de mejorar por lo menos un 1% a la vez.

No es que vayamos a despertar mañana con todas las respuestas en cuanto a cómo vamos a pasar de donde estamos a donde queremos estar; por ejemplo, de ser demasiado afables a asertivos. Hagamos lo mejor que podemos hoy con el propósito de mejorar nuestro enfoque hacia los demás. Con eso es suficiente.

Estrategia 17

Mantener la motivación —¿Quién es el gemelo malvado del éxito?

La mayoría de la gente quiere hacer un buen trabajo tanto en los negocios como en la vida y tiene el deseo de alcanzar su pleno potencial para lograr cada vez mejores resultados. Pero a veces muchos se autosabotean porque su miedo, sus dudas e inseguridad los sorprenden con frases como: *"Bueno, tal vez podrías hacerlo, ¡pero lo más probable es que no!"* Es así como terminan dejándose llevar por este mantra negativo y ni siquiera lo intentan. Todo el mundo escucha a veces estos pensamientos negativos; mi propio ejemplo de este tipo de pensamientos es este: *"Estoy segura de que hay gente en el mundo que puede filmar mejores vídeos educativos y de formación que los míos, que tiene mejor letra que la mía, que nunca comete un error de ortografía, ni titubea durante sus presentaciones".* Tal vez sea cierto, pero el punto es que, si estás dispuesto a intentarlo, a hacer lo mejor que puedas, entonces tendrás éxito; en cambio el perfeccionista se resaga pensándolo para comenzar. Son la pasión, el coraje y la competencia —y no tu confianza en ti mismo —los que te llevan a triunfar. Como ya he dicho, muéstrame una persona valiente y te mostraré a un triunfador.

Los gemelos malvados del éxito son el perfeccionismo y la dilación. Si me muestras a un perfeccionista, te mostraré a un procrastinador. Estos estados mentales son las dos caras de una misma moneda. Un procrastinador quiere dar el siguiente paso, pero hacerlo a la perfección el 100% de las veces y desde el comienzo. Un perfeccionista es alguien que hace las cosas una y otra vez y nunca está satisfecho con sus resultados a pesar de que sean maravillosos. Un procrastinador con malos resultados puede ser también un perfeccionista porque quiere hacerlo todo a la perfección pero, por temor a obtener bajos resultados, ni siquiera lo intenta.

Creo que el pensamiento de algunos perfeccionistas se deriva de la infancia ya que desde niños se nos dice: *"Si vas a hacer un trabajo, debes hacerlo bien desde el comienzo"*, "Un trabajo digno de hacer hay que hacerlo bien". ¡Nada mas lejos de la verdad! Solo podemos hacer lo mejor que podemos, y si solo podemos hacerlo con un 22% de calidad, entonces lo hacemos con ese 22% y vamos mejorando a partir de ahí. Pero, si esperamos a ser 100% perfectos, nunca correremos riesgos. El éxito es para los que toman riesgos y mejoran incluso si es solo un 1% a la vez.

Imaginémonos a un perfeccionista que tiene una oportunidad de hacer algo nuevo y, muy tímidamente, se adentra en lo desconocido y comienza a poner sus ideas en práctica. Esta persona obtendrá un cierto éxito inicial, pero es inevitable que experimente alguna falla, un retroceso o una espiral descendente que la lleve de nuevo a la zona de confort en donde se encontraba antes de comenzar, e incluso a un nivel inferior porque ahora se siente mal consigo misma y determinará no volver tomar más riesgos innecesarios.

La maestría se consigue al trabajar enfocados en pos de un objetivo y aceptando una oportunidad tras otra para mejorar. Incluso si una persona conoce solamente el 1% de las facetas necesarias para tener éxito en determinado campo, tiene que aceptar el reto y saltar al vacío. Logrará cierto éxito, pero siempre llegará un momento en que cometa un error o experimente una falla, se recupere de ella y luego cometa otro error, venga un nuevo fracaso y se recupere de nuevo. Durante cada uno de estos fracasos, ganamos una semilla de conocimiento. Y así es para el resto de nuestra vida; seguimos cometiendo errores una y otra vez, pero debido a que tenemos la intención de llevar una vida fructífera, aceptamos la inevitabilidad de nuestros errores. Podemos tomar decisiones absurdas que incluso nos causen inseguridad financiera, pero nos recuperaremos. Mi deseo ardiente y mi sugerencia para ti es que estés dispuesto a mejorar tus habilidades por lo menos el 1% a la vez.

Si mejoras el 1% en el transcurso de 52 semanas, ¡ese será un incremento de tus habilidades del 52%! Pero con el interés compuesto obtenido a partir de la repetición y el aprendizaje, tu verdadero incremento será de más del 60%. Si estás dispuesto a mejorar un 1% a la vez, estarás mucho más adelante que la persona que quiere ser por completo capaz, competente y segura del resultado antes de dar el siguiente paso.

Estrategia 18

Aceptar que hay fallas y tropiezos en el camino al éxito

Algo que observo durante mi trabajo con mis clientes es que hay muchos que son brillantes y prácticos, que tienen una *cabeza privilegiada sobre sus hombros.* Son gente que sabe lo que quiere y le encanta desarrollar interesantes sistemas de trabajo. Sin embargo, este grupo de expertos a menudo no tiene clara su genialidad y, a pesar de ser brillantes científicos, técnicos e ingenieros, no aprecian su brillantez. Al igual que la mayoría de nosotros, ellos tienden a detenerse ante la pregunta: *¿Y qué si fracaso y tengo que volver a empezar?*

¿Qué hago si mis clientes me hacen una pregunta que no puedo responder? ¿Si estoy frente a una objeción que no sé cómo resolver? ¿Qué si... Qué si... Qué si? El miedo, la duda y la inseguridad los llevan por una espiral descendente y ellos ni siquiera hacen un intento ni un esfuerzo porque el miedo al fracaso es demasiado grande. Muéstrenme a alguien que tiene un miedo al fracaso y les mostraré a un perfeccionista y a un procrastinador. Ellos prefieren posponer las cosas y no hacer nada en absoluto.

Un perfeccionista es alguien que ejecuta una y otra y otra vez lo que ya sabe hasta que lo haga bien. Pedirle a un perfeccionista que mejore un 1% a la vez es casi como lanzarle una maldición; simplemente, no puede hacerlo y se ofende con el concepto del 1%. Sin embargo, la mayoría de los triunfadores falla y se tropieza en su camino hacia el éxito.

A menudo empezamos con una idea y comenzamos a trabajar para implementarla, pero entonces sucede algo: nos equivocamos, cometemos un error y, como la mayoría de la gente, empezamos a dudar de nosotros mismos. Las personas inteligentes de verdad son capaces de detenerse y evitan caer en el espiral de las profundidades de la desesperación, pero, incluso si llegan a ese punto, no se quedan allí por mucho tiempo. Los inteligentes, la gente recia, saben descubrir la lección de sus fracasos y la utilizan para afrontar el siguiente desafío.

Estaba hablando con una de mis clientas sobre mis entrenamientos y ella me dijo que quería hacer la transición de entrenadora de ventas a consultora. Le hice una pregunta básica y ella me la respondió contándome una historia de diez minutos. Le hice esa observación y ella entendió que ser concisos en nuestras explicaciones es vital para construir credibilidad. Ahora ella puede tomar esa debilidad y convertirla a su favor siendo una buena oyente que hace preguntas de calidad y que se enfoca en los demás y no en sí misma.

Al hacer un giro de 180° en su conversación, ella desarrollará fortaleza mental y capacidad de resiliencia emocional. Es muy probable que vuelva a cometer errores, pero sabrá cómo aprender de ellos y sus nuevas habilidades la acompañarán para el resto de su vida. Esa es la manera en que una persona apasionada se mueve y avanza en su camino (¡aunque no sea a la perfección!).

Ben Franklin afirmó: *"El sabio aprende de sus propios errores; pero, los más inteligentes, aprenderán de los errores de los demás"*. Esto es lo que hago cuando cometo errores (los cometo todo el tiempo): me digo a mí misma: *"Hoy estoy haciendo lo mejor que puedo y eso en sí ya es suficientemente bueno"*. Para un perfeccionista es bastante probable que mi afirmación le suene a blasfemia, pero, en última instancia, todos hacemos lo mejor que podemos día a día. ¿No es eso lo suficientemente bueno? Bueno, como dijo mi maestra y amiga, Mia Angelou: *"Cuando sepas más, hazlo mejor"*.

Sin embargo, cuando tomamos la lección que aprendimos y la implementamos en nuestra siguiente zona de éxito, aun así corremos el riesgo de fallar, a menos que nuestra mayor prioridad sea mantenernos a salvo. Pero, si nos quedamos en zona segura, seguiremos estando demasiado lejos de la meta. Y recuerda, si no estamos en el borde, eso significa que todavía nos queda mucho por andar. También hay una lección en el fracaso, y cuando lleguemos a esa lección, tenemos que ser capaces de aprovecharla para seguir adelante hasta la siguiente etapa pues no hay fin en el camino al éxito. Lo intentas, fallas, aprendes la lección y la utilizas para llegar cada vez más alto y luego vuelves a fallar. En otras palabras, ¡esa es la vida en sus propios términos!

Una amiga me contó una historia interesante sobre uno de sus clientes. Ella lo conoce porque le ayuda en la limpieza. Es un señor de noventa y siete años de edad y la semana pasada llegó a su casa con el nuevo iPad. ¡Tiene noventa y siete años de edad y está aprendiendo cómo utilizar un iPad! Sin duda, cometerá errores durante el aprendizaje de esta nueva tecnología, ¡pero cada error será un paso hacia el éxito! Yo afirmo que trabajar duro para ser competentes es más importante que la autoconfianza. Llegamos a ser competentes y luego sí confiamos en nosotros mismos; y cuando esto pasa, es fácil que los demás también confíen en nosotros.

Estrategia 19

Evitar el resentimiento a toda costa — Consume toda nuestra energía vital

El resentimiento consume, literalmente, nuestra energía vital. Supongamos que yo estoy llena de resentimientos y "cargo sobre mis hombros" a alguien con quien estoy molesta cuando son apenas las nueve de la mañana. A las diez ya hay otra persona sobre mis hombros y al mediodía, tal vez alguien más. A las tres en punto estoy agotada y en extrema necesidad de café y donas si es que quiero avanzar en lo que me queda del día. Luego me voy a casa, y habiendo cargado todos esos resentimientos y a esas personas conmigo, mi energía está seriamente afectada. En consecuencia, no estoy tan conectada con mis asuntos durante la última mitad de mi día. ¡Perdí mis energías en una causa insulsa!

Con su energía malgastada en resentimientos, nadie es capaz de mantener el 100% de atención en sus actividades, tal como le gustaría —ni en sí mismo, ni en su trabajo, ni en su familia. ¿Cómo se produce toda esta pérdida de energía? En primer lugar, surge un evento al cual reaccionamos con ira y emoción. Todas las emociones tienen un impacto, ya sea positivo o negativo, y el resentimiento es sin duda una emoción negativa. Experimentamos una lesión de algún tipo y esa lesión hace que nos sintamos heridos. Sentimos ira y la ira no tiene resultados productivos ya que nos corroe y empezamos a sentir resentimiento. Ese resentimiento nos lleva al deseo de tomarnos la justicia por nuestra propia cuenta (no es posible estar resentidos sin sentirnos autosuficientes para cobrar justicia). Creemos que somos mejores que la persona que nos ofendió, incluso si la ofensa fue que el ofensor simplemente tenía tanto en su mente que no nos dijo *hola*, ni *buenos días*. Algunas personas hasta podrían sentir que tal ofensa ¡fue un delito!

Si sientes que alguien te rechazó, y que estás pasando por este ciclo anterior, te quedan dos opciones: sentirte autosuficiente y amargado, o perdonar (aceptar lo que ocurrió) y seguir adelante. Cuando una persona se siente autosuficiente y amargada no logra aceptar que no todo el mundo (y, de hecho, nadie) puede cumplir con sus expectativas y por lo tanto quiere seguir en el ciclo de resentimiento y venganza. Pero, recuerda esta expresión: *"La venganza se come mejor fría y en vasija pequeña"*. Cada vez que atacamos a otra persona nos atacamos a nosotros mismos puesto que afectamos nuestro propio sistema. La respuesta de nuestro cuerpo al estrés es inundar nuestro sistema de una hormona llamada cortisol. Cuando hay un exceso de cortisol, las funciones del sistema inmunológico están muy por debajo de su punto máximo ¡y surgen las enfermedades! El resentimiento es uno de los instrumentos del miedo y es fácil sentirlo.

Hay mucho más sobre este tema en mi libro *Imperfect Forgiveness: The Miracle of Releasing Hurt, Bit by Bit*. A medida que investigaba para escribirlo me sorprendió descubrir que la mayoría de la gente no quiere perdonar ni olvidar, sino vengarse. Muchas personas se sienten justificadas etiquetando a alguien como desagradable o de mal proceder y poco a poco van quedándose atrapadas en el ciclo de la ira, el resentimiento, la amargura, y con el tiempo, también del agotamiento emocional.

Como he dicho antes, imagínate que son apenas las diez de la mañana y ya estás cargando con tres personas que te producen ira y que las cinco de la tarde ya estás cargando con veinte más. Cualquier estaría agotado y herido, encerrado, sintiéndose víctima. ¿Sería de extrañarnos que muchas personas beban para olvidar y adormecer sus sentimientos? Todos buscamos por instinto una solución fuera de nosotros mismos que nos ayude a relajarnos y a deshacernos de esas personas que han estado molestándonos durante todo el día.

Muchos de los que cargan con todos esos resentimientos lo hacen porque sencillamente no saben cómo decir no sin sentirse incómodos. También podría ser debido a que no saben cómo crear límites.

Aunque es difícil de aceptar, en la mayoría de las situaciones del día a día existe un momento crucial en el que, si nos decidiéramos a actuar y confrontar a nuestro supuesto ofensor, resolveríamos el problema. Pero la mayoría de la gente no aprovecha ese momento para hablar y solucionar la situación debido a que le tiene miedo a la confrontación. Si ese fuera el caso, entonces una segunda opción sería manejar el problema mediante un diálogo interno como este:

"Estoy molesto con Steve porque fue un desconsiderado, un monstruo controlador e irrespetuoso con todos nosotros durante esa reunión, pero no dije nada porque tuve miedo de lo que él habría dicho y hecho. Por lo tanto, debo reconocer que es mi temor el que me mantiene maniatado, no Steve. Y en lugar de criticarlo y culparlo de mi estrés, buscaré ayuda para desarrollar habilidades que me ayuden a defenderme. Sé que lo ideal no es tener un jefe ineficaz y reconozco que yo mismo soy ineficaz siendo mi propio jefe cuando no consigo tener voz ni voto en cualquier situación".

Esta es una solución eficaz y sencilla que funciona cuando se trata de obtener paz mental, pero no es fácil ya que nuestra condición humana intenta defender y justificar la posición que tomamos en las diversas circunstancias en que nos inmiscuimos.

Las personas felices, las que sienten alegría respecto a su vida y asumen la responsabilidad de su propia felicidad, se mantienen neutrales respecto a eventos que puedan causarles a otros descender por el espiral de la desesperación. La vida pasa y las situaciones agradables, así como las desagradables, son parte de la existencia. Cuando enfrentan una serie de retos, ¡estas personas felices consideran que estos son simples dramas circunstanciales en mitad del paraíso! La manera en que elegimos reaccionar determina si somos víctimas o vencedores. Si yo soy capaz de tomar control de cada circunstancia sin quejarme, ni lloriquear, entonces soy vencedora. Pero si enfrento la situación juzgando a los demás, sintiéndome herida o enojada, si me aferro al resentimiento y al deseo de tomarme la justicia por mi propia cuenta en busca de venganza, entonces los vencedores serán los demás porque eso significa ¡que yo los llevo cargados a mi espalda!

Permíteme hacerte esta pregunta: ¿Hay alguien a quien estás cargando a cuestas? ¿Alguna persona por quien realmente valga la pena que te derrumbes, malgastes tus energías o sientas toda clase de dolores y molestias?

¡Las empresas de cosméticos están haciendo una fortuna gracias al resentimiento ya que este es un asesino de tu apariencia personal! La gente resentida luce mal, tiene una mirada de enojo y muchas más líneas y expresiones faciales marcadas que las personas felices.

La elección de manejar emociones de manera neutral es la respuesta adecuada a saber sobrellevar los momentos volátiles. Tú puedes elegir mantenerte neutral diciéndote a ti mismo:

Bendeciré a esta persona y procuraré ser mejor. Entiendo que no soy perfecto, sin embargo, aquí estoy juzgando sus imperfecciones. Me pregunto ¿quién me estará juzgando a mí?

Estrategia 20

Tener presentes las cinco razones para no mantenerte ofendido

Imaginemos que cada uno de nosotros despierta cada día con un promedio de *veinte a veinticinco galones de energía*. Tú a lo mejor tienes una familia, mascotas que sacar a caminar, niños que llevar a la escuela y trabajo por hacer, y cada actividad requiere un poco de tu limitado suministro diario de energía. Puesto que habrá un montón de ocasiones en las que necesites de tu energía, es importante estar alerta para asegurarte de que la energía que gastas está bien invertida en aquello en lo que necesitas funcionar. Sin suficiente energía, nuestros pensamientos no son tan claros, nuestro comportamiento no es tan atinado, ni estamos tan lúcidos para nuestros clientes, ni para nosotros mismos.

Ofendernos nos roba energía y nos descarrila de las metas que tenemos para cada jornada. No podemos sentirnos ofendidos sin estar sosteniendo diálogos internos durante los cuales rumiamos sobre la injusticia y lo injusto de la situación. Todo esto agota nuestros valiosos galones de energía y a menudo, nuestra siguiente acción es robarnos la energía de otras personas ventilando aquel incidente que nos mantiene amargados. Y en este proceso, volvemos a sentir enojo y utilizamos energía aún más valiosa que podríamos estar utilizando para realizar actividades productivas.

Las siguientes son las cinco razones más valiosas por las que debes esforzarte para no mantenerte ofendido. A lo mejor te parezca que esta propuesta es indignante puesto que hay un montón de razones para estar ofendido. Dejar que nos ofendan es una elección, pero todos tenemos la capacidad para elegir mantenernos neutrales en cuanto a lo que experimentemos. No es fácil ni sencillo, pero sí es factible. Y además, podemos aprender a hacerlo.

1. *Permanecer ofendidos es vivir en el pasado.* Incluso si fue hace unos momentos, el día de hoy o hace años que alguien nos hirió de algún modo y nos sentimos ofendidos, esa ofensa pertenece al pasado y nosotros seguimos arrastrándola a lo largo del camino como una carga sobre nuestros hombros cada vez que recordamos esa situación o cuando la ventilamos frente a otras personas.

2. *Estar ofendidos nos desenfoca de lo verdaderamente importante.* Todos tenemos grandes planes, objetivos que alcanzar, presupuestos para hacer, ventas que ganar. Si no tenemos suficiente energía, no podemos hacerles seguimiento a todos estos logros porque estamos siendo rehenes de las emociones del pasado.

3. *Hay un deseo de actuar con amargura y superioridad* para obtener fortaleza de nuestro resentimiento. Sin embargo, esta es una forma rápida de afectar nuestra autoestima pues es mezquino sentirnos superiores juzgando mal a otras personas. No es posible sentirnos ofendidos a menos que decidamos que alguien nos ofendió. Mantenernos neutrales durante los eventos propios del día a día es sabernos contener y controlarnos ¡a nosotros mismos!

4. *El sentimiento de estar ofendidos es como un virus.* Cuando estamos enfermos con un virus, se lo transmitimos a muchas de las personas con las que entramos en contacto. Cuando estamos ofendidos, tenemos una tendencia a hacer lo mismo —a mostrarles nuestra ofensa a otras personas, a ventilarla frente a ellas y quejarnos. Cuando hacemos eso, aquellos con los que entramos en contacto se van peor que cuando llegaron a nuestro encuentro. ¿No debería ser nuestro propósito primordial que las personas se despidan de nosotros sintiéndose mejor y más motivadas? Y en el peor de los casos, que tengan derecho a mantenerse neutrales. Ejercemos un impacto negativo sobre los demás cuando compartimos con ellos nuestros desacuerdos, resentimientos y preocupaciones.

5. *La razón principal para no sentirnos ofendidos es que malgastamos cantidades exorbitantes de energía.* Sospecho que tienes grandes planes para tu futuro, metas que deseas alcanzar. Cuando estás ocupado sintiéndote resentido y ofendido, también utilizas energía. ¿Sabes que nos despertamos con más o menos veinte a venticinco galones de energía cada mañana? Pues esa energía se agota; en un momento ya tenemos apenas dieciocho o diecisiete o quince galones y todavía necesitamos enfrentar el resto del día y estar 100% presentes en todo.

He aquí una razón adicional para no sentirnos ofendidos: cuando estamos ocupados sintiéndonos resentidos y ofendidos, no nos vemos atractivos. Tenemos una tendencia a arruinar nuestros rasgos faciales frunciendo el ceño y rara vez sonreímos. ¿Y sabes qué? Es imposible no llevar esa apariencia a todas partes sin afectar a proveedores, prospectos, clientes y demás personas de nuestro círculo de influencia.

La próxima vez que alguien te ofenda, para por un momento y pregúntate cuál de las dos actitudes siguientes te ayuda más: *"¡Eso ya pasó y estoy en el presente; voy a dejarlo ir!"* O *"Seguiré resentido y enojado, y de paso voy a utilizar un poco de mi energía, la cual es un recurso limitado".*

Espero que elijas la primera.

Estrategia 21
Elegir el amor por encima del miedo

Este tema me recuerda a una canción de Tina Turner: *What's love got to do with it?* En ella expresa que el amor es solo *una emoción de segunda categoría*. A pesar de que la canción es muy pegajosa, de cierta manera su mensaje es engañoso ya que el amor es una de las dos emociones primarias del ser humano. Hace tiempo que empecé a estudiar el génesis de las emociones leyendo un libro llamado *The Course in Miracles*. En él, los autores profundizan sobre las diferencias entre las diversas emociones. Todas nuestras emociones, palabras, pensamientos y comportamientos provienen del amor o del miedo. Con los años, he tratado de desvirtuar esa afirmación; de analizar una actitud o comportamiento o pensamiento o acción y digo: *Esta sí es diferente; esta sí no encaja en esa afirmación*. Sin embargo, independientemente de cuál sea el pensamiento, emoción o comportamiento, siempre encajan en una de las dos categorías: el amor o el miedo.

El resentimiento es una manifestación del ser humano hacia nosotros mismos, hacia los demás o frente a algunas circunstancias. Es la emoción que *absorbe* nuestra energía como el pan absorbe al aceite de oliva; que, en vez de fortalecernos, nos debilita; la parte triste es que parece un sentimiento normal, pero lo cierto es que, si transformamos nuestro resentimiento, tenemos mucha más energía con la cual podríamos ocuparnos de metas importantes como la de hacer crecer nuestro negocio. Dejaríamos de mirar lo que otros, y nuestra competencia, están haciendo o no haciendo. Si nos fijamos en lo que nuestros compañeros de equipo están haciendo, o en los clientes tan lucrativos que ellos consiguen y atienden, no nos centramos en nosotros mismos y por lo tanto tampoco mejoramos nuestra situación.

Recuerdo los días en que yo era parte de un energético y competitivo equipo de ventas. No siempre era divertido, pero sí muy creativo. Nuestro jefe utilizaba la táctica de la energía competitiva para motivarnos a producir a un nivel más alto al transformar nuestro potencial de lucha interna y de competitividad en creatividad. En pocas palabras, cambiábamos esas emociones de resentimiento y esos deseos de competitividad (que provienen de un estado de miedo) por un estado de amor canalizando esos sentimientos hacia un deseo de productividad más alto en cada persona.

Si te encuentras en una situación de equipo complicada, ¿cuáles son algunas maneras de equilibrar con amor cuestiones basadas en el miedo? En primer lugar, tú puedes elegir manterte deliberadamente neutral. En segundo lugar, debes aceptar y perdonar si recibes una ofensa. En cuanto a mí, yo hago un esfuerzo por permanecer neutral cuando tengo un problema. Aunque suena simple, no es fácil de hacer y por eso he desarrollado una pregunta bastante sencilla que me hago a mí misma en situaciones difíciles: *¿Es este un problema propio del primer mundo?* Si la respuesta es sí, entonces soy capaz de dejar de lado un poco el resentimiento sabiendo que la mayoría, aunque no todos, por supuesto, los problemas del primer mundo tienen una solución.

El resentimiento y la ira son emociones humanas normales y van de la mano con la no aceptación de una situación actual. Una vez que las reconoces y logras apagarlas, ya estás en la capacidad de buscar una solución. La autogestión es vital; si vamos a andar quejándonos todo el tiempo por ofensas menores (o incluso mayores) en nuestra contra, el resentimiento se nos convertirá en una enorme y pesada carga que llevamos a cuestas.

Otra consecuencia del miedo es hacer promesas y no cumplirlas. Como dije en un capítulo anterior, tu fortuna está en el seguimiento que le hagas a lo que te interesa. *Una promesa hecha es una deuda sin pagar.* Yo te recomendaría que tuvieras un pequeño libro en el que planifiques cuáles son tus mayores prioridades y anotes las promesas que hagas. *Les he hecho tres promesas a tres clientes hoy y no voy a irme a la cama hasta que se las haya cumplido.* Mantenerles tus promesas a tus clientes (de hecho, a cualquier persona) es importante porque quieres ser creíble, fiable y digno de respeto. Y si quieres construir confianza mutua, lo mejor es que elijas a alguien que también sea creíble, confiable y respetuoso. Estos rasgos demuestran autoliderazgo y es casi imposible ser un líder de los demás, ¡si no podemos ser líderes de nuestro propio ser! Hacer una promesa y luego no cumplirla parecería ser algo conveniente de hacer en determinado momento si te ayuda a salir de una situación difícil; pero al final, incumplir nunca funciona. ¡La vida tiene su propia manera de cobrarse!

Quienes hacen trampa, mienten y roban están siendo manejados por el miedo. Tal vez temen que hay suficiente en el mundo para todos, pero no lo suficiente para sí mismos. Temen no ser aceptados si muestran su verdadero yo. En las ventas, una forma de mentir es la *falsa predicción.* Cuando un miembro de tu equipo de ventas hace esto, tu gerente de ventas queda en una posición difícil teniendo que justificar ante el vicepresidente y el presidente por qué con frecuencia las predicciones que él hace respecto a un prospecto o a un negocio que parecía cerrarse en un determinado mes, nunca son acertadas. Incluso si estas oportunidades terminan llegando a buen término meses más tarde, todavía siguen siendo una falsa predicción. Con el tiempo, ese vendedor o ese gerente de ventas llegan a ser percibidos como profesionales poco creíbles y no fiables.

Otro método para transformar el miedo en amor es nunca tocar dinero mal habido. Esto no garantiza que alguien no vaya a tratar de hacerlo, pero no adoptar la mentalidad de que *todos los demás lo hacen* implica un gran compromiso y carácter. Recuerdo una vez que perdí un concurso (y un premio en dinero en efectivo relativamente grande) cuando trabajaba en una compañía impresora. Alguien más ganó y un compañero de equipo me dijo que esa persona había instalado una pieza de hardware en el garaje de su amigo con tal de ganar. Esto no era legal, y sin duda tampoco era justo; cuando me enteré del asunto, me di cuenta de que había sido engañada. Tuve muchas ganas de resarcir la ofensa. Sin embargo, sabía que tenía dos opciones: una, despotricar sobre semejante injusticia (y yo solo tenía la palabra de un miembro del equipo como prueba) o trabajar aún más duro. Elegí trabajar aún más duro. Años después, me preguntaba si el miembro de mi equipo me habría dicho la verdad o si solo estaba jugando con mi estado de ánimo. Si fue esto último, me salvé de una tonelada de vergüenza al no haber enfrentado a la persona que ganó el concurso, ni reportarla. Si eso fue cierto, yo estaba tranquila —y no existe ninguna cantidad de dinero, ni de éxito que puedan comprar la tranquilidad.

La codicia es otra emoción basada en el miedo que se ve muy a menudo en el ambiente de trabajo. Ser codicioso significa querer más; más de lo que nos corresponde, más de lo que nos hemos ganado, mucho más. Es fácil ser codicioso cuando alguien te presenta a un nuevo cliente. En un escenario como ese tienes dos opciones. La primera se basa en el miedo; dado que alguien te lo presentó, y que tú trabajas para esa persona, tú te has ganado técnicamente esa comisión. Podrías conservarla toda para ti. Sin embargo, ¿qué pasa con la persona que hizo esa conexión? Ella actuó llevada por el buen deseo de darte la oportunidad de trabajar con este cliente. Lo que tendrías que hacer, guiado por la generosidad y el amor, sería compartir algo de tu ganancia con quien te dio esa oportunidad. No tiene que ser mucho, pero esa buena actitud te ayuda a ser una persona de negocios respetable y confiable.

La mayoría de los vendedores no pide referencias porque le da miedo hacerlo. Sin embargo, lo que esa mayoría no se da cuenta es que, por su parte, sus clientes tambien tienen dos temores clave. En primer lugar, tienen miedo de que tú comentes su situación personal o de negocios con el contacto al que ellos te refirieran; y en segundo lugar, temen que arriesgues la amistad que ellos tienen con ese referido porque de alguna manera resultes siendo agobiante u ofensivo con ese nuevo contacto. Por lo general, los clientes tienen una enorme pregunta subconsciente: *"¿Valdrá la pena poner en riesgo mi relación con un amigo o socio en aras de darle a este simpático vendedor una referencia?"* Es necesario que les asegures que nunca divulgarás ninguna información confidencial, ni serás agobiante con ese nuevo contacto; tú, simplemente, te presentarás y dejarás que el referido decida si estaría o no de acuerdo en darte una cita.

El miedo es una cualidad humana básica y es innegable que el mundo de los negocios a menudo exacerba las emociones negativas asociadas con este sentimiento. Los verdaderos sabios son quienes saben cómo identificar sus miedos y los convierten en sentimientos basados en amor y valentía.

Estrategia 22

Andar por el sendero hacia la maestría de sí mismos

Hace casi veinte años dibujé un esquema en una cafetería mientras iba camino a casa después de haber sido despedida de un trabajo que era muy cercano a mi corazón.

Me despidieron de una empresa de impresión; hubo varios representantes de ventas que *visitaron unas cuentas* que no debían puesto que ya habían sido asignadas a otros vendedores. Entonces yo decidí que era de mi incumbencia tomar el teléfono y hacer llamadas en frío en busca de citas *para* todo mi equipo de ventas, pero eso no les hizo gracia a algunos y decidieron conformar un grupo e ir donde el gerente de ventas a quejarse de mí, aun a pesar de que logré hacerles citas como producto de todas mis llamadas en frío. No tengo que decir que me despidieron. Fui una gran luchadora en el mundo del mercadeo en todo lo que se refería a conseguir ventas y me las ingeniaba para hacer buenos negocios, y no me ajustaba a esa cultura empresarial de ventas en particular. Podría haber ido a hablar con la gerencia y decirle la tradicional frase que se usa en los deportes: "Pónganme en el juego o cámbienme", ¡pero me mantuve serena!

Mientras me encontraba sentada en aquella cafetería, sin saber qué hacer, comencé a dibujar este esquema pues me sentía atemorizada. El cambio siempre produce miedo, incluso si somos nosotros mismos quienes lo generamos, pero se intensifica cuando es alguien más quien nos lo impone. En ese momento, yo era una madre soltera con una hipoteca por pagar y no tenía ni idea de lo que haría.

Entonces dibujé este esquema al que llamé *El sendero hacia la maestría de sí mismos*, al cual me he referido en varias ocasiones durante estos últimos años. En primer lugar, surge el sentimiento de miedo; después, cometemos errores y, a veces, tratamos de encubrirlos entrando en una etapa de negación. Culpamos a otros por nuestra situación e insistimos en defender y justificar nuestro punto de vista. Cuando estamos atrapados en el miedo, nunca logramos admitir que nos equivocamos y sentimos aversión hacia la idea del riesgo. Podemos tener la oportunidad más brillante o una sólida y cuantiosa lista de referidos para hacer llamadas en frío, pero, por alguna razón, no encontramos el valor para seguir adelante.

En consecuencia, nos deshacemos en medio de la angustia, aceptamos el primer trabajo que haya y hacemos lo mejor que podamos a la espera de que alguien se dé cuenta que estamos haciendo nuestros mejores esfuerzos. Y es en este punto del camino donde aprendemos las lecciones que necesitamos para lograr dar el siguiente paso. Caminamos por *el valle de las sombras* con la frecuencia necesaria antes de lograr salir al otro lado.

Después de no darnos por vencidos, desarrollamos habilidades que contribuyen a incrementar nuestra competencia. Aprendemos diversas lecciones y la más importante de todas es saber pedir ayuda a tiempo. Comprendemos que, cuando cometemos errores, es posible aprender de ellos y aprovecharlos en nuestro camino hacia el éxito. Es en ese momento cuando nos apropiamos de lo que queremos y necesitamos; cuando las oportunidades parecen llegar a nuestra vida con mayor grado de certeza y facilidad que nunca antes. Y luego, a medida que avanzamos a través de estas etapas en repetidas ocasiones, nos volvemos generosos y les ofrecemos ayuda a otros que tampoco han renunciado a sus sueños. Aprendemos a ser responsables y a rendirnos cuentas constantes a nosotros mismos; si prevemos que vamos a conseguir veinte buenos prospectos hacia el final del mes, entonces hacemos lo que sea necesario a pesar del miedo, la duda y la inseguridad, todo con tal de mantener nuestra palabra con nosotros mismos. Nos hacemos responsables y dignos de la confianza de nuestros empresarios, de nuestros compañeros de trabajo, y sobre todo, dignos de tenernos confianza a nosotros mismos.

Para resumir los pasos en mi esquema, como yo lo llamo: en primer lugar, nos encontramos frente a algo que nos causa miedo y luego, con mucho esfuerzo constante, nos volvemos competentes. Es después de esto que por fin llegamos a la etapa de confiar en nosotros mismos. Pero luego nos damos cuenta de que este estado no es todo lo que pensamos que sería y es cuando nos preguntamos: *¿Y ahora qué? Eso fue antes y esto es ahora.* Nos sentimos seguros porque nos dedicamos a resolver un problema y cometimos errores y mejoramos nuestras habilidades, y luego cometimos más errores. Ahora podemos ejecutar esta habilidad o dominar esta emoción con los ojos cerrados y las manos atadas a la espalda. Por último, comienza a parecernos fácil y podemos catapultarnos a nosotros mismos y a nuestras habilidades. En otras palabras, ya sabemos cómo trabajar de manera inteligente, no difícil. Hemos desarrollado procesos, implementado sistemas y adquirido un mejor estilo de vida. ¡Ha sido la vida trabajando en el proceso de la vida misma!

Es en esta etapa cuando sabemos que somos eficientes y por qué lo somos. Sabemos que tenemos debilidades, sabemos por qué están allí, lo mucho que nos cuestan y cómo vamos a transformarlas. ¡No podemos permanecer en negación!

Pero estar en la zona de confianza es aburridor. Es solo cuando tomamos riesgos, aceptamos desafíos, nos agazapamos y encontramos los recursos que ni siquiera sabíamos que teníamos, que descubrimos aún más de nuestro potencial; solo entonces estamos enteramente vivos. Si no estamos en el límite de los que somos capaces de hacer, ¡estamos perdiendo el tiempo! La autocomplacencia es para los demás.

No nos ganamos la buena voluntad de quienes nos rodean hasta que les demostramos que somos responsables, capaces de rendir cuentas y dignos de confianza. Cuando mostramos consistentemente estos atributos, nos volvemos tema de conversación; la gente se refiere a nosotros y obtenemos referencias. En esta etapa de mi vida, mis clientes me muestran su buena voluntad cuando ellos mismos se ofrecen, ¡incluso a ayudarme a escribir mi propuesta para ellos mismos! Esto aumenta sin duda la probabilidad de conseguir su negocio. Y cuando les pido una referencia, ellos están más que dispuestos a dármela.

Si tú eres un vendedor o un empresario que acaba de empezar, es probable que te tome un tiempo antes de que te vuelvas exitoso en el arte de conseguir grandes cuentas porque se necesita tiempo para desarrollar habilidades y reputación. Es un proceso de aprendizaje constante y creciente. Tu camino al éxito se trata de que seas más y más competente, de que aumentes tu confianza y de que luego procures subir al siguiente peldaño de la escalera del éxito, ¡no de la perfección!

Incrementa tus habilidades para las ventas

Estrategia 23

Identificar cuáles son los impedimentos para tener éxito en las ventas ¿Eres un vendedor Tipo A, B o C?

Uno de mis temas de discusión favoritos ha estado siempre relacionado con las características que marcan la diferencia entre los vendedores Tipo A, B y C. Basada en más de veinte años de experiencia en entrenamientos en ventas e investiganciones, observo que muchos vendedores no cumplen con sus objetivos mensuales ni optimizan los resultados que podrían obtener en su campo de acción. De hecho, algunos vendedores solo alcanzan el 85% y el 95% de su plan debido a que les incumplen a sus prospectos y clientes, quienes están dispuestos a reunirse con ellos porque asumen que se han contactado con los mejores, y estos nunca llegan. Cuando se trata de analizar el nivel de éxito de un vendedor, no es suficiente tener en cuenta solamente el porcentaje de cumplimiento de su plan de ventas. Lo ideal es incluir en el análisis todas las actividades proactivas a las que ellos se dedican. Con el fin de obtener excelentes resultados, la calidad de los prospectos y la calidad de las actividades de venta deben correlacionarse. Un prospecto o cliente de alta calidad atendido por un vendedor de pocas habilidades terminará yéndose a otra parte. Por desgracia, el cliente rara vez le da al vendedor un preaviso de tres meses para que mejore su producto o servicio. Por lo tanto, es importante que los vendedores estén en constante actualización de sus conocimientos y habilidades; que mantengan la actitud adecuada frente a su profesión; solo así se mantendrán en la categoría de profesionales de óptima calidad, en los Tipo A, que tanto sus clientes desean y merecen.

La calidad de tus actividades de ventas afecta en forma directa la calidad de tus ofertas. He aquí una fórmula para mantener tu eficacia en las ventas: *el número de clientes potenciales multiplicado por la cantidad de esfuerzo de calidad que inviertas en ellos es igual al número de ventas de calidad que harás.* Esta fórmula demuestra cómo están gestionando su territorio los vendedores. Cuando los vendedores tienen una buena cantidad de prospectos de calidad e implementan procesos y sistemas de calidad para atenderlos, su éxito está garantizado. En otras palabras, PC X PSC = VC ($$$).

Lo más interesante acerca del personal de ventas Tipo A es que ellos siempre están abiertos a mejorar sus procesos y comportamientos de ventas. Por supuesto, aquellos que no están tan pendientes de estos aspectos encajan en la categoría B ya que, en lugar de incrementar sus actividades de ventas, tienden a defender y justificar sus bajos resultados y, por ende, su falta de ventas. Los vendedores Tipo A están siempre en busca de mejorar; yo los llamo *cazadores cierra-negocios* por obvias razones: porque viven al acecho de hacer muchos negocios y obtienen grandes resultados, independientemente de las condiciones del mercado.

Si me envías un correo electrónico a Alice@AliceWheaton.com, y en la línea de asunto escribes: "Por favor reenvíame el ebook llamado *Big Game Hunters and Closers*, yo te lo reenviaré. Tardarás dos horas leyéndolo ya que es más corto que el libro promedio. Este poderoso material me ha abierto un sinnúmero de oportunidades para presentar esta valiosa información a muchos equipos de ventas en todo el mundo.

Todos los CEO quieren tener en sus equipos de trabajo cazadores cierra-negocios de óptima calidad. Sin embargo, la mayoría de los equipos de ventas se componen más que todo de vendedores Tipo B y C, de esos que utilizan cuatro de los únicos cinco minutos que sus clientes les otorgan para centrarse en hacer relaciones interpersonales. Es el vendedor Tipo A el que sabe cómo enfocarse en generar credibilidad y atraer a su equipo a quienes estén encargados de la toma de las decisiones empresariales. Ellos no solo se involucran con un contacto, sino que trabajan con él para aprovechar la influencia que este ejerce sobre toda la organización.

Los profesionales en ventas Tipo A conocen los tres atributos clave de los líderes exitosos: inspirar, educar y retar. Los vendedores que no logran adquirir estos atributos tampoco logran alcanzar el nivel A de rendimiento. A pesar de que un vendedor Tipo C quisiera inspirar y educar, no sabe cómo retar a sus prospectos ni clientes porque se siente demasiado atemorizado ante la posibilidad de desagradarles.

Los vendedores Tipo B trabajan para cumplir su presupuesto o aproximarse a él, pero a veces lo cumplen y a veces no. Ellos no tienen una estrategia para optimizar sus sistemas ni procesos de venta. Los vendedores de este grupo suelen estar más a la defensiva que los Tipo C ya que muchas veces el personal de ventas Tipo C ya sabe que su rendimiento es insatisfactorio. Sin embargo, un vendedor Tipo B es alguien que logra el 95% de su plan, pero no se desespera porque sabe que alcanzará el 100% el próximo trimestre. Es mejor ser un vendedor C que sabe que lo es y no un vendedor B que se considera a sí mismo como un A puesto que esto lo que significa es que ese vendedor está en etapa de negación y justifica y defiende su comportamiento en lugar de buscar estrategias que le ayuden a añadir nuevas habilidades a su caja de herramientas.

El siguiente es un ejemplo de nivelación de un protocolo de ventas. El promedio de los mensajes de correo de voz toma alrededor de un minuto para que la persona que está haciendo la llamada pueda dejar su mensaje. Por otra parte, la gran mayoría de vendedores se comporta de manera muy similar a la de sus competidores. Por lo general, la persona que llama oye esto: *"Usted ha ingresado al buzón de voz de Tom Brown. Estoy contestando otra llamada o me encuentro lejos de mi escritorio en este momento. Por favor, deje su nombre y número telefónico junto con un breve mensaje y me pondré en contacto con usted tan pronto como pueda"*. El correo de voz es un servicio que ha estado en uso durante unos treinta años. Hoy en día ya no es necesario dejar instrucciones ni decirles a las personas que llaman que estás hablando por teléfono o fuera de la oficina. ¡Todo eso resulta discutible! ¿Cómo aumenta esa información tu nivel de profesionalismo? Además, tu promesa de *devolver la llamada tan pronto como sea posible* suena insípida y no inspira ninguna confianza. Tu mensaje de correo de voz es una oportunidad clave para que demuestres tu responsabilidad, credibilidad y profesionalismo.

Lo único que tienes que decir es: "Hola, soy _____ _____ y mi objetivo es volverte a llamar dentro de cuatro horas". ¡Eso es todo! Tus clientes saben lo que tienen que hacer; saben cuándo vas a volver a llamarlos y eso es lo que les interesa. Cuando dejes mensajes, procura que sean concisos y significativos. Recuerda, quienes hablan de manera sucinta transmiten liderazgo y son percibidos como personas de poder y con un alto nivel comunicativo. Imaginémonos el escenario contrario: digamos que un cliente o prospecto va manejando su auto y decide devolverte una llamada que le hiciste. Acto seguido, tu contestador automático recibe la llamada y el mensaje que grabaste es tan largo que él tendrá que detenerse para entender lo que dices. ¡Eso es molesto! Destácate de entre la multitud mediante el uso de tu correo de voz y deja mensajes que te representen como un profesional de óptimo nivel. Este proceso telefónico es solo un ejemplo de la optimización que los representantes de ventas deben buscar en todos los aspectos de su negocio. Cuando les das una mirada profunda a tus actividades de ventas y las nivelas, también estarás nivelando tu cuenta bancaria, tu reputación en la empresa a la cual perteneces y tu industria.

El vendedor Tipo B no está 100% dispuesto a rendir cuentas (tal vez está un 70% o un 80% dispuesto), lo cual significa que, si algo va mal, él lo afrontará, pero lo más probable es que termine sacando excusas. El vendedor Tipo C estará casi siempre dispuesto a justificar lo sucedido y asumirá muy poca de su responsabilidad sobre las causas o la solución del problema.

Pregúntate cuál es tu situación en lo que respecta al uso de lenguaje que denota bajo nivel de compromiso. Algunos ejemplos de esta clase de lenguaje son: *lo intentaré, mi intención será* y *tal vez*. En otras palabras, el lenguaje de bajo nivel de compromiso no transmite responsabilidad. Un vendedor Tipo A dirá: "¡Cuente conmigo! Veré que esto se cumpla. De hecho, no me acostaré esta noche hasta que haya hecho hasta lo imposible para lograr que esto se haga".

Estoy trabajando con un cliente que necesita entrenamiento para elevar su performance ejecutivo. Su nivel de lenguaje comenzó siendo el común. Estaba salpicado de palabras ambiguas como trataré, podría, pienso y lo intentaré —términos que no denotan liderazgo. La semana pasada le pregunté: "¿Cómo te va con tu lenguaje de liderazgo?" Me respondió: "Usted sabe; lo estoy intentando". No pude evitarlo. Le respondí: "Intentando... Ese es un término de bajo nivel de compromiso" En lugar de ponerse a la defensiva, me dijo: "Déjame expresarlo de otro modo: Estoy siendo muy vigilante en cuanto a las palabras que salen de mi boca". ¡Ah, bueno! Ese es un representante de ventas que va por el camino indicado hacia convertirse en un nivel A; él está optimizando todos sus recursos, incluyendo su lenguaje.

Estrategia 24

Practicar los cinco atributos clave de los cazadores cierra-negocios

Los cazadores cierra-negocios son los vendedores de más alto nivel de desempeño. Ellos practican todas las habilidades que presento en este libro. Son el 10% de los agentes de bienes raíces, el 10% de los corredores de bolsa, el 10% de los vendedores de equipos, el 10% de los asesores financieros, ¡todos con excelentes resultados! Los cazadores cierra-negocios se diferencian del resto de la manada. Ellos son capaces de vender más que nadie, incluso en las peores condiciones del mercado. El objetivo de mi vida se ha convertido en averiguar qué es lo que los hace diferentes. Y aunque he desarrollado cincuenta competencias asociadas a estos rebeldes, cinco se destacan del resto.

Su primera habilidad es que ellos saben cómo manejar sus emociones y sentimientos, cómo avanzar hacia sus metas poniendo el miedo, la duda y la inseguridad en un segundo plano. Son ágiles en el manejo de sus sentimientos sin importar cuales sean, y es esa cualidad la que los hace capaces de obtener el éxito que anhelan. Ellos utilizan el centro ejecutivo del cerebro para manejar cada situación sin necesidad de formar catástrofes sobre circunstancias que tal vez nunca han de suceder.

La segunda habilidad que ellos practican es la de buscar prospectos sin necesidad de que esa búsqueda sea un proceso doloroso para ellos. En otras palabras: se lanzan a tomar el teléfono y hablar con extraños; hacen conexiones en varios segmentos de su industria y les piden ayuda a quien sea necesario con tal de hacer contactos influyentes;

están dispuestos a ir a eventos de redes de mercadeo con el fin de conseguir más contactos. Es decir, son como abejas que salen en busca de nuevos recursos mientras que el resto de la colmena se aferra a lo que ya sabe hacer.

Los cazadores cierra-negocios entienden que no existe el rechazo definitivo. Ellos saben que, cuando hacen una llamada y no entienden una pregunta o no le dan una respuesta adecuada a la objeción de su cliente potencial, no obtendrán la cita. Saben que el cliente se negará a reunirse con ellos si no practican la tercera habilidad necesaria para tener éxito en las ventas: elevar el nivel de la conversación para que el cliente se enganche rápido y participe aun después de hacer una objeción. Ellos logran que su prospecto se dé cuenta de que, el simple hecho de hablar con este hábil vendedor, le aporta valor. De hecho, los vendedores de alta calidad ruegan que haya objeciones porque saben cómo utilizarlas ¡para acelerar la venta!

El cuarto atributo clave es que ellos siguen un sólido sistema de medición por medio del cual identifican a sus prospectos. Los vendedores promedio hablarán de la venta relacional, pero no los cazadores cierra-negocios. Ellos hablan de prospectos y clientes Tipo A, B y C porque saben que los clientes no están interesados en una relación, sino en negociar con los profesionales en ventas que ellos perciban como creíbles, respetuosos y dignos de confianza. Los vendedores con bajo nivel de desempeño luchan para establecer una relación; en cambio, los que conforman el grupo de vendedores de óptimos resultados se enfocan en generar credibilidad.

En quinto lugar, ellos tienen la habilidad de precontratar. Esto significa que se preparan para una reunión o una llamada y saben pedir lo que quieren o necesitan. Esta mañana estaba hablando con una clienta que no es exactamente quien firma los contratos, pero sí es alguien que ejerce un alto factor de influencia en la toma de decisiones de la empresa a la cual está vinculada. Estábamos programando una conferencia telefónica para la próxima semana y yo le propuse: "¿Me podría dar algunas pautas para hacer que esta llamada nos dé buenos resultados a las dos?" Fue así como ella me dio indicaciones pertinentes para nuestra siguiente llamada. Es natural que un cazador experto sepa cómo pedir lo que quiere o requiere mientras que un vendedor promedio nunca lo hará porque él se atrevería, como máximo, a insinuar o sugerir, pero ya que ninguno de estos enfoques tipifican las cualidades de un verdadero líder, el prospecto no responderá a sus débiles sugerencias.

Los cazadores cierra-negocios aprovechan sus contactos y conocimientos para obtener una ganancia adicional. El mismo contacto con quien estaba hablando esta mañana pertenece a una asociación clave en su ciudad, y debido a que me lancé a utilizar mis capacidades, estaré hablando allá en solo un par de semanas y sé que esta oportunidad me abrirá más oportunidades. Los cazadores cierra-negocios saben optimizar lo que hacen. Un aspecto importante acerca de ellos es que *administran su energía* mientras todos los demás están apenas procurando hacer alcanzar su tiempo. Si no estás administrando tu energía, no importa si trabajas durante ocho horas diarias o las veinticuatro horas porque los resultados de tu esfuerzo no serán los mejores.

Además de estos cinco atributos clave, hay tres puntos de diferenciación entre un cazadores cierra-negocios y un vendedor promedio: uno, que parecen más grandes de como en realidad se sienten; dos, que piden lo que quieren; y tres, ¡que les dan a sus clientes potenciales el derecho a decir no!

Los cazadores cierra-negocios respetan los rechazos. Al darles a los demás el derecho a decirles que no, ellos se sienten más receptivos. Si pides lo que quieres y les das a las personas el derecho a decirte que no, tienes una probabilidad del 80% de que ellas te concedan tu solicitud. Este atributo específico les funciona al revés a los vendedores promedio que solo quieren oír desesperadamente un sí y se desmoronan cuando escuchan un no.

Los cazadores cierra-negocios parecen más grandes de lo que en realidad se sienten. Esto significa que se ponen a sí mismos en situaciones que les hacen sentir miedo, dudas e inseguridad. Y aunque ellos saben que están fuera de su liga, el temor no los detiene. En lugar de ello, piden lo que quieren al mismo tiempo que le dan a la otra persona el derecho a decir que no y disfrutan el rechazo. Son *perdedores felices* por excelencia que continúan trabajando al día siguiente, ¡listos para vender!

Estrategia 25

Desarrollar los cinco atributos de los vendedores Tipo A

Cuando la cita con tu prospecto o cliente termina, de forma automática él te clasifica bien sea como un vendedor A, B o C. Es probable que no te lo diga cara a cara, pero él ha hecho una valoración subjetiva e incluso podría estar pensando que *eres un bufón* o *un tipo que sabe lo que hace*. O le hiciste perder su tiempo o le brindaste un servicio o producto valioso. Los siguientes son los cinco componentes clave para ser un vendedor Tipo A para tus clientes.

El primer atributo es imprescindible antes de poder pasar a las siguientes etapas: es necesario tener conocimiento tanto del cliente como de la industria a la cual pertenece. ¿Es una industria creciente o con tendencia a desaparecer? ¿Está en crecimiento o comenzando a disminuir? ¿Fabrica en el extranjero? Si no es así, ¿dónde fabrica sus productos y cómo hace para sostener las demandas de sus clientes? Cuando haces preguntas significativas es evidente que has investigado al respecto. Te presentas, te sientas frente a tu cliente y le haces preguntas de calidad y no de bajo nivel, tales como: "Oh, ¿es esta la foto de sus hijos?" O "¿Juega al hockey?"

El segundo atributo es hacer preguntas de calidad y no preguntas personales irrelevantes. Si posees la capacidad de hacer preguntas de calidad y discutir sobre asuntos reales del negocio, inspirarás a tus prospectos y clientes a volver a contactarte y se sentirán a gusto contigo. De lo contrario, estarán mirando su reloj y pensando: *"¿Cuándo irá a terminar de decir toda esa basura y se largará de mi oficina?"* Y como no pueden decirte eso en tu cara, *descalificarán de inmediato tu propuesta.* Si no tienes una lista de preguntas de calidad, te presentarás a la cita de forma desprevenida y a decir tonterías. Tener un conocimiento profundo de tu cliente, de su industria, de lo que él necesita y hacer preguntas de calidad extraídas principalmente de tu preparación y conocimiento en el tema es lo opuesto a ser un vendedor desprevenido que pregunta tonterías.

Hacer preguntas de calidad es de vital importancia. Sin embargo, cuando les haces preguntas a tus clientes y sus respuestas dejan entrever el problema, y tú saltas a resolverlo de inmediato, lo que les estás diciendo es que ¡ellos no son tan inteligentes como tú! Es como si les estuvieras diciendo: "Acabo de llegar a su oficina en este momento y ya me di cuenta de cual es la respuesta a su problema; en cambio usted ha tenido esta situación durante meses y yo se la resolví en un solo instante. ¿Se está dando cuenta de que yo soy más inteligente que usted?" Es mejor pedirles que te cuenten y te expliquen más sobre el problema, lo que han intentado y no han intentado para resolverlo, lo que les funcionó y no les funcionó, y así sucesivamente.

Otro atributo clave de los vendedores de óptimo desempeño es que ellos no sienten la necesidad de alimentar su propio ego reiterando la información como si el prospecto o cliente no la hubieran entendido desde la primera vez. Las explicaciones concisas son símbolo de *alto estatus profesional,* mientras que las respuestas de largo aliento se relacionan con *lo opuesto.* Los clientes (y la gente en general) casi siempre requieren de solo cuarenta y cinco segundos para tomar sus decisiones con respecto a su interlocutor; por lo tanto, solo tienes esos cuarenta y cinco segundos para agradarles, por así decirlo.

Hace poco contraté cinco sesiones con una entrenadora de la vida porque me preguntaba si de pronto habría en mí algún bloqueo que pudiera estar frenándome de alcanzar mi próximo objetivo. Yo tengo una meta específica por cumplir y quiero saber si manejo algunas premisas falsas o falsas creencias que estén bloqueando mi éxito futuro. Le conté a la entrenadora un poco de mi dilema. Acto seguido, ella me interrumpió y duró seis minutos contándome sobre sus experiencias. Después de escucharla fui honesta y le dije: "¿Sabes qué? Creo que esto no va a funcionar. Que me cuentes acerca de tu vida no me ayuda a descubrir todo lo que necesito saber acerca de mí misma. Necesito a alguien que sepa hacerme preguntas muy concisas y de alto valor". ¡Ella me dio las gracias por mi honestidad! Del mismo modo, tus clientes de alto nivel quieren que tu foco de atención esté puesto en ellos, no en ti.

El cuarto atributo te ayudará a sobresalir de entre la multitud. Los profesionales de óptima calidad en ventas tienen un sistema y lo aplican. Ellos saben cómo valorar y clasificar a sus clientes bien sea Tipo A, B, o C; de esa forma tienen claro qué clase de esfuerzos deben hacer en cada oportunidad para conseguir la venta. Si tienes un contacto que nunca compra, pero siempre te agrega a su lista de *posibles propuestas de compra*, debes considerarlo como un cliente Tipo C, así que *conviértelo en un cliente de mayor nivel o sácalo de tu camino*. Sin embargo, sin importar si tu cliente es A, B, o C, cuando te presentes a la cita, hazlo con el conocimiento, las habilidades y la actitud de un vendedor Tipo A puesto que esta categorización de clientes existe solo para ayudarte a entender el negocio de las ventas, pero todos los clientes actuales y potenciales (al igual que las personas que encuentras en tu camino) merecen lo mejor que puedas brindar de ti en cada encuentro.

El quinto atributo es la capacidad de manejar *tus* emociones y sentimientos con el fin de comprender a profundidad la situación de tu cliente. Necesitas poner a un lado tus propios miedos y tu necesidad de aprobación. Tú tienes la capacidad de ser un *pensador sistemático* y no alguien que necesita aprobación o aceptación. Por su parte, los vendedores de alto rendimiento se enfocan en entender cuál es y cuánto cuesta resolver la situación del cliente para luego poder negociar durante el proceso de ventas con el fin de cerrar el trato suministrando verdaderas soluciones a problemas complejos.

Un cliente me dijo una vez: "Voy a ir a Winnipeg a hacerle una presentación a un cliente porque tengo la forma de ahorrarle a su compañía un promedio de ¡$150.000 dólares al año!" Le pregunté: "¿Qué hará el cliente con esos $150.000?" Él me respondió: "No tengo ni idea, pero esa será una de mis preguntas". Él le hizo al cliente esa pregunta y, después de descubrir lo que haría con un capital extra de $150.000, logró que su presentación fuera mucho más fácil y eficaz.

Durante la implementación de estos cinco atributos, el uso de la frase *"cuéntame al respecto"* suele ser la mejor respuesta a la mayoría de la información o preguntas de tu cliente. Te servirá más que un discurso de cinco minutos para generar clientes leales Tipo A puesto que los comentarios que ellos agreguen te aydarán a informarte al tiempo que permaneces en silencio, soportando la tentación de parecer el *más sabio de la conversación*.

Estrategia 26

Identificar las tres grandes mentiras que los vendedores se dicen a sí mismos

En nuestra sociedad, los que estamos involucrados en la actividad de generar negocios, tenemos la tendencia a ser dignos de confianza. La mayor dificultad que tenemos cuando se trata de clientes es la de asumir que, después de todo, ellos también son dignos de confianza. Por lo tanto, creemos lo que nos dicen. Cuando hacemos una llamada de prospección y el prospecto nos responde con "no tengo tiempo", nosotros creemos en esa respuesta. A menudo nos ponemos a nosotros mismos, a nuestros negocios y a nuestro nivel de rendimiento en riesgo debido a que compramos las historias que algunos de nuestros clientes potenciales nos cuentan. Y lo que es más: nosotros también nos decimos mentiras ; existen tres grandes mentiras mediante las que nos autoengañamos, y que afectan nuestros ingresos.

La primera mentira es la siguiente: *"Ellos están interesados en mi propuesta y me van a volver a llamar o de lo contrario no me habrían pedido que se las pasara por escrito"*. Por lo general, si no recibes una respuesta positiva a tu propuesta y el cliente no te devuelve la llamada, es porque, desde el principio, no tenía ningún interés. A lo mejor gastaste tus energías en una propuesta que no te dará resultados. En mi experiencia, un cliente que está realmente interesado, no solo actúa interesado, sino que te devuelve la llamada. Pero ¿sí está interesado? Tú no sabrás la verdad de la situación, a menos que le hagas seguimiento.

La segunda mentira es: *"La persona que me solicitó la propuesta pertenece al círculo de mayor influencia de la compañía"*. La mayoría de los vendedores de bajo rendimiento cree que la persona que le pidió la propuesta es la misma que toma las decisiones. Por lo general, quienes solicitan la propuesta tienen que presentársela a una, dos y hasta cinco personas diferentes con el fin de obtener su aprobación. Y dependiendo del valor de la transacción, incluso el presidente con quien has estado reuniéndote desde la primera vez debe hablar con un consejo de asesores. Te imaginarás el resultado si la persona con la cual te estás contactando es completamente intimidada por su superior; dejará tu propuesta enterrada en un cajón de su escritorio. Mientras tanto, algún otro proveedor podría estar contactando al nivel apropiado de influencia y hacer su presentación. Eso significaría que tu presentación se quedará allí languideciendo, completamente desatendida mientras tu competidor tiene éxito.

Esto nos lleva a la tercera mentira: *"Si intento hablar con la persona que está a un nivel más alto en autoridad, arruinaré mi relación con este contacto inicial"*. Este es un riesgo pequeño, pero vale la pena tomarlo porque, de lo contrario, tu progreso dependerá de otras personas. Sin embargo, necesitas hacer tu solicitud de tal manera que inspire a tu contacto para que él quiera allanar el camino y que tú te reúnas con aquellos que puedan influir en el progreso de tu propuesta hasta que llegue a un resultado feliz. Si tú le informas a este contacto inicial sobre cómo va el proceso de ventas, y le pides lo que necesitas durante la reunión inicial, avanzarás hacia una posición de liderazgo en lugar de quedar a su disposición. Por ejemplo, es posible que quieras decirle algo como lo siguiente:

"Tom, si te parece, tengo una petición que hacerte porque necesito tu ayuda. Antes de entregarte mi propuesta, es nuestra política reunirnos con uno o dos de los otros encargados de la toma de decisiones importantes. Esto contribuiría a conocer más del proyecto con la ayuda de las otras personas que también poseen la visión global y las estrategias a seguir para lograr el resultado esperado. De esa manera entenderé con mayor amplitud lo que la compañía está buscando. Así prepararía la propuesta teniendo en cuenta las especificaciones que todos manifiesten".

Sí, hay un pequeño riesgo de que se rompa la conexión con tu contacto, pero piensa en ello así: si la persona no está dispuesta a ayudarte a vender tus servicios o productos, entonces no es un prospecto Tipo A, y ni siquiera B; es alguien que no está de tu lado. Por el contrario, alguien que responde bien a tu solicitud es alguien que va a velar por que tu propuesta llegue a donde necesita. Y si tú eres el indicado para ayudarles a resolver la situación, entonces te incluirán en el proceso.

Por supuesto, incluso si eliminas estos tres errores cruciales, solo conseguirás que te vuelvan a llamar si la compañía está realmente interesada en lo que tienes para ofrecerle. Y aun si está interesada, es posible que no recibas la llamada de inmediato porque las empresas tienen otros problemas por resolver y de repente algo que está en un segundo plano puede llegar a convertirse en una prioridad urgente.

Por consiguiente, si se trataba de una falsa necesidad, ni siquiera esperes oír de ellos. Sin embargo, si las razones para hacer tu propuesta son ante todo válidas, entonces mantente en contacto y hazle seguimiento ya que es del seguimiento que depende tu fortuna.

Estrategia 27

Prevenir los seis mayores errores que comenten los vendedores al hacer una llamada en frío

Muy pocos vendedores se despiertan por la mañana y piensan: *"¡Sí ... Hoy me divertiré haciendo cinco llamadas en frío!"* Sin embargo, muchos otros alrededor del mundo sí lo hacen. Nunca ha habido un informe que reporte alguna muerte por utilizar el teléfono para hacer una llamada en frío. Miles de vendedores que he entrenado, incluyendo los introvertidos, ya han logrado tener éxito en lo referente a hacer sus llamadas en frío.

Lo cierto es que la estrategia de las llamadas en frío en busca de prospectos no es para los débiles de corazón, sino para aquellos que quieren arremangarse y hacer lo que tienen que hacer con tal de triunfar. Tal vez hayas visto la película *En busca de la felicidad*, protagonizada por Will Smith. Su personaje es el de un padre soltero en Nueva York que quiere darle un mejor estilo de vida a su hijo y, para lograrlo, decide convertirse en un corredor del bolsa. Una vez pasa la entrevista de trabajo, este triunfador procede a aprender a hacer llamadas en frío y comprende que no tiene por qué necesariamente disfrutar haciéndolas, pero sabe que son un medio para lograr su propósito ¡y lo logra! Se convierte en un empresario de gran fama. Es mi opinión que cualquier persona puede tener éxito haciendo llamadas en frío si deja de cometer los mismos viejos y tediosos errores que comete la mayoría de los vendedores.

Los siguientes son los seis enormes errores más comunes que le impiden a un vendedor lograr su objetivo cuando hace una llamada en frío.

Empezaremos desde el sexto hasta llegar al primero. Antes que nada, debes saber que cualquier tipo de llamada que incita al miedo o requiere de valor es una llamada en frío. Sí, llamar a un extraño es una llamada en frío. Si tienes que llamar a un cliente para pedirle algo y te sientes aunque sea un poco nervioso, esa también es una llamada en frío ya que require de coraje. Ahora, no saber que cualquier llamada que requiere de coraje es una llamada en frío significa que no estás preparado como deberías antes de tomar el teléfono.

El quinto error que los vendedores cometen es decirse a sí mismos que una lista de tres o cuatro nombres es suficiente para marcar una diferencia en el crecimiento de su negocio. Con tres o cuatro nombres es casi imposible que reúnas suficientes citas. Y como el correo de voz es tan usual, la probabilidad de contactar a una de esas tres o cuatro personas vía telefónica es muy baja. Una vez dicho esto, los milagros ocurren y podrías encontrar a un comprador interesado en esa lista de cuatro prospectos. Sin embargo, la experiencia demuestra que una lista sólida de 20 a 30 o más prospectos aumentará mucho más tus posibilidades. Si empiezas con veinte o más personas en tu lista, tendrás mayor probabilidad de contactar a una persona en *vivo y en directo*, por así decirlo.

El cuarto error se produce durante el transcurso de la llamada como tal; la mayoría trata de vender su producto durante la llamada cuando lo único que debería estar tratando de vender es la idea de hacer una cita. Demasiados vendedores hablan tanto de su producto o servicio esperando que el prospecto les *acepte* una cita que terminan por aburrirlo y hacerlo pensar: *"Uff; si este tipo es así de aburrido por teléfono, ¡me hará perder mi tiempo si le acepto una cita en persona!"*

El tercer error es que, por lo general, los vendedores son incapaces de expresar de manera sucinta por qué sus empresas se destacan de las demás. No lograrás enganchar a tu prospecto a menos que él tenga claro cuál es la ventaja de tus productos con respecto a los de la competencia. Si yo tuviera que decirle a mi cliente: "El 100% de los clientes a los que les pido una referencia, me la dan" o "Mis clientes aumentan la productividad de su negocio entre un 15% y un 25% durante el primer año de trabajar conmigo", esas son afirmaciones que dejan en claro una ventaja competitiva y le ayudan a mi cliente a medir el valor de lo que le estoy ofreciendo; y en cuanto a mí, es obvio que me ayudan a ganar credibilidad más rápido.

Si tú fueras el vendedor de una compañía de impresión y dijeras: "El 97% de mis clientes dice que volvería a hacer negocios conmigo y que se queda con mis servicios y productos porque yo les proporciono una nivel de calidad consistente, un gran producto y servicio fiable", esa es la afirmación de una ventaja competitiva. Decir: "Tenemos el mejor producto, la mejor gente y el mejor servicio" es un enunciado demasiado genérico que no surte ningún impacto debido a que todos los proveedores afirman lo mismo. Tú tienes que ser capaz de cuantificar tu declaración mediante un sistema de medición.

El segundo error es más frecuente y grave: no existe un protocolo para responder a las objeciones. Tú siempre, siempre enfrentarás por lo menos una objeción. Las objeciones suelen tomar muchas formas: *no tengo tiempo, ya estoy haciendo negocios con alguien más, este no es el momento adecuado, llámeme en la primavera, no tengo dinero.* Sea cual sea, ten la seguridad de que *recibirás* objeciones. Y si no tienes una estrategia para afrontar cada una de ellas, y una forma de ir atrayendo poco a poco a tus clientes, entonces no conseguirás citas. Los clientes presentan objeciones porque quieren deshacerse de los vendedores incompetentes.

El error número uno que puede cometer un vendedor es decir, "¿Cómo estás hoy?" A pesar de que esta simple sutileza parece intrascendente, hay cuatro buenas razones por las que nunca, nunca, nunca debes decir eso. La primera es que es una pregunta demasiado común. Tan pronto como le preguntes a tu cliente "¿Cómo estás hoy?", él te encasilla en el nivel de un vendedor común y corriente. La segunda razón es que, a pesar de lo que creas, esa pregunta no te ayuda a crear una conexión con tu cliente porque él la oye todo el tiempo y, por consiguiente, ya no quiere oirla más. Tercera razón:

predispone a tu cliente a mentir. Te dirá: "Estoy bien, gracias", incluso si no lo está. Por último, la cuarta razón, y la menos obvia: que esta se ha convertido en una pregunta retórica. En los tiempos de antes, los antiguos vendedores pensaban que, si conseguían que el cliente les diera dos o tres respuestas positivas a pequeñas decisiones, habría una mayor probabilidad de que más adelante también dijera que sí ante una decisión más trascendental. ¡Nada más lejos de la verdad!

Conseguir prospectos es como construir tu propio inventario. Cuanto más larga sea tu lista, mayores serán tus posibilidades de éxito. Las personas exitosas van contra la corriente y hacen lo que las demás evitan hacer.

Estrategia 28

Salir de la cárcel del correo de voz

El tema en discusión en este capítulo es muy cercano a mi corazón: cómo salir de la cárcel del correo de voz. Este es uno de los *reductores de velocidad en el camino hacia el éxito* con el que más los vendedores tropiezan a diario. Por favor, toma algún tiempo para contar la cantidad de llamadas que te devuelven en comparación con la cantidad de mensajes que dejas. Lo óptimo, por supuesto, sería que nos devolvieran el 100% de nuestras llamadas, pero aspiremos a que fueran aunque sea el 65%.

Existen tres claves para lograr que te devuelvan tus llamadas. En primer lugar, como dije en el capítulo 27, y con el ejemplo que cité, asegúrate de que tu mensaje de correo de voz sea convincente.

La gente ha estado dejando mensajes de correo de voz de una forma y otra desde hace décadas. Por lo tanto, ya nadie necesita que le den más instrucciones; son un insulto para quienes llaman. Cuando estoy negociando con proveedores y les dejo un mensaje de voz, quiero saber con exactitud cuándo me van a llamar, pero sus mensajes de voz suelen ser siempre vagos y nunca sé cuándo esperar sus llamadas para que me informen sobre sus servicios. Para practicar lo que enseño, yo comunico en mi mensaje de voz que contactaré a quienes me contacten en un lapso promedio de cuatro horas durante el día y, por lo tanto, me aseguro de que mi mensaje de voz diga eso precisamente: "Hola, soy Alice Wheaton. Mi objetivo personal es devolverte la llamada en un promedio de cuatro horas; hasta entonces, adios". Si tu correo de voz no dice algo parecido, ¡soluciónalo ahora mismo!

Existen buenas razones para reducir tanta retórica y utilizar un saludo simple y a la vez profesional en tu correo de voz. Si la persona a la que llamaste y le dejaste un mensaje te devuelve la llamada desde su carro, él o ella no querrán escucharte durante un minuto para oírte decir: "Estoy contestando otra llamada o lejos de mi escritorio en este momento, pero si me dejas tu nombre o número telefónico, me aseguraré de ponerme en contacto contigo tan pronto como pueda". ¡Todo eso es innecesario! Es obvio que no estás disponible o de lo contrario no hubiera contestado tu correo de voz. Para asegurarte de que tu mensaje sea óptimo, edítalo y deja una grabación que beneficie tu imagen profesional. Si no puedes devolver llamadas en el transcurso de un día, asegúrate de cambiar el mensaje informándolo, pues dejar en claro tiempos específicos te ayuda a causar una buena imagen en tu cliente y te permite destacarte de entre la multitud.

La segunda clave para que te devuelvan la llamada es dejarles a tus contactos un mensaje convincente en sus correos de voz. Tienen que ser cortos y concisos, y dentro de un límite mínimo de tiempo. Tú quieres que tu cliente vea que eres 100% responsable ya que alguien que demuestra ser 100% *responsable* y está 100% dispuesto a *rendir cuentas* es también alguien 100% *digno de confianza*.

La tercera clave para que te devuelvan la llamada es ser claro en el mensaje que dejas. Asegúrate de dejar tu número de teléfono como si fueras un director de orquesta: *"Mi número telefónico es 4-0-3, 2-4-9, 5-8, 5-3"*. Sé preciso y audible. Al dejar un mensaje así, quienquiera que sea que estés llamando tiene el tiempo para anotar tu número. Imagínate lo frustrante que es cuando tu prospecto escucha todo tu mensaje completo solo para que le recites *4032495853* a toda velocidad. En ese caso, él tendría dos opciones: una, ignorar tu mensaje; o dos, tratar de escucharlo cuatro o cinco vez en distintos segmentos hasta lograr anotar todo el número y entonces devolverte la llamada. Si lo haces así, ¿qué tantas probabilidades tienes de que te devuelvan tus llamadas? ¡Yo diría que cero!

Por último, al dejar un mensaje, asegúrate de que siempre hablas en un tono lento y pausado. Las personas captan la articulación de las palabras de diferentes maneras. Si hablas con alguien cuya lengua materna no es tu propia lengua, y le hablas en un ritmo de discurso fluido, tu mensaje podría perderse. Por lo tanto, es importante que hables despacio y con claridad. Optimiza tu mensaje de voz informándole a tu contacto cuándo él o ella podrían esperar que les regreses la llamada. Aplica estos consejos y tus mensajes de voz te servirán para destacarte de entre la multitud y, además, contribuirás a establecer un estándar profesional entre los otros vendedores.

Estrategia 29

Usar comandos de posicionamiento que aumenten tu éxito

Los vendedores tienden a suponer que, cuando están en sus reuniones con clientes o prospectos, ellos están enfocados por completo en la reunión el 100% de las veces. Sin embargo, nada podría estar más lejos de la verdad. Admitámoslo... No siempre estamos enfocados cuando nos encontramos en reuniones con otras personas, ya sean nuestros jefes, amigos, familiares o clientes potenciales. Cuando se trata de una reunión con prospectos o clientes, a menudo ellos se desconectan de la conversación porque el vendedor no habla ni actúa como un líder. El cliente quiere invertir en alguien que considere competente, creíble, de confianza, que sepa ayudarle a identificar y resolver el problema y que no tenga miedo de actuar. Si tú eres demasiado hablador o te excedes en promesas que luego incumples, perderás credibilidad. Menos mal hoy existen formas de incrementar el nivel de tus habilidades conversacionales a un punto en que tus clientes te vean como un profesional en quien pueden confiar por completo. Cuando estás a ese nivel de conversación, la gente hace negocios contigo y te es leal.

Una de las mejores maneras de influir en otros es utilizando comandos de posicionamiento. Déjame darte un ejemplo.

David es un ingeniero al que le gustaría hablar con un cliente sobre un nuevo proceso que tiene para ofrecer. Así es como él posicionaría su solicitud:

"Hola John, le habla David. Tengo entendido que usted es un experto en generar centros de misión crítica desde el punto de vista del comprador. Si usted es como la mayoría de mis clientes, entonces también conoce muy bien qué es lo que su empresa necesita y estará de acuerdo conmigo en que, en estos tiempos de tecnología cambiante todos tenemos lagunas en cuanto a nuestros conocimientos tecnológicos. Soy experto en tecnología y me gustaría ayudarle a cerrar esas brechas de la manera más eficiente posible. Bueno, yo soy un experto desde el punto de vista del proveedor y también busco comprender las lagunas que hay en mis conocimientos desde su campo de acción. Me parecería interesante que nos reuniéramos para hablar sobre centros de misión críticos desde nuestros puntos de vista. Estoy seguro de que los dos aprenderíamos algunos aspectos relacionados con los retos que cada uno afrontamos en nuestros respectivos negocios. Tal vez no haya una oportunidad para que hagamos negocios en el futuro, pero intercambiaríamos conocimientos durante nuestra reunión. Me gustaría, si usted está de acuerdo, que fijáramos una cita para el próximo jueves a las tres. ¿Le parece?"

En el ejemplo anterior, David posiciona su solicitud como un beneficio para su prospecto al afirmar que, por lo general, existen lagunas de conocimiento en un entorno tecnológico en rápido movimiento. El prospecto, por su parte, sabe más que David desde el punto de vista de usuarios corporativos y David, como proveedor, tiene un conocimiento único que el comprador no maneja. A medida que el mensaje avanza, David muestra la necesidad que los dos tienen de sacar un tiempo y aprender el uno del otro.

Además, David utiliza algunos elementos clave para influir sobre su prospecto y hacer que él quiera que hagan negocios juntos. El último comentario —*¿Le parece?*—genera receptividad, ese es el resultado natural cuando le ofrecemos a la gente la opción de decirles *sí* o *no* a nuestras propuestas. Existe un 80% de probabilidad de recibir un *sí* a una solicitud presentada; pero hay un 100% de certeza de que la respuesta a una petición que *no* hagamos sea *no*. En otras palabras, la respuesta es siempre *no*, ¡cuando tú *no* propones nada!

Entre otras cosas, David también le hace un desafío a su prospecto sugiriéndole que ambos tienen información que es de beneficio mutuo. En esencia, esto es lo que dijo:

"Mire, los dos sabemos que este siempre es un mercado emergente y cambiante, así que, si pudiéramos reunirnos y hablar de lo que cada uno de nosotros sabe, al final de nuestra cita ambos tendríamos más información que antes de la reunión, ¿no le parece?"

Lo que David hizo fue *posicionar* lo que él quería. Lo que más deseaba era lograr la reunión y, por esa misma razón, la propuso. Pero, para lograrla, él tenía que posicionar dentro del mensaje el motivo de su petición de tal manera que fuera convincente para su prospecto.

Cuando haces una llamada o una petición, y eres capaz de hacerla de tal manera que logras captar la atención de tus clientes y posibles clientes, escucharás un *sí* la mayoría de las veces. Si realizas veinte llamadas de esa forma cada mes, conseguirás más de diez citas mensuales —y esas citas te ayudarán a lograr, e incluso a superar, tu presupuesto anual.

Así que, ¿por qué no todo el mundo hace esto? Bueno, porque es incómodo cambiar. Es necesario poner este método en práctica unas tres o cuatro veces antes de hacer que funcione. Después de todo, nadie se vuelve experto de la noche a la mañana. Nadie hace nada bien a la primera. Los triunfadores aprenden a tolerar las molestias producidas por los riesgos y saben que cada fracaso les sirve para alcanzar el éxito; los tímidos, por su parte, se consumen en sus temores al tiempo que se preguntan qué hace que los triunfadores sean gente tan especial.

Nunca he conocido a un vendedor que implemente cualquiera de estos protocolos a la perfección. Ni siquiera *yo*. Es por eso que David quería trabajar con su cliente para aprender a desarrollar centros de misión crítica y necesitaba reunirse con él. David quería conocer su punto de vista y al mismo tiempo aumentar su conocimiento y ser aún más competente. Después de todo, siempre hay algo que aprender.

Estrategia 30

Vender más haciendo preguntas de calidad: el árbol del cuestionamiento

Los vendedores hablan demasiado. De hecho, basada en conversaciones con miles de clientes y vendedores, he aprendido que hablan cuatro de cada cinco minutos. A esto le llamo *aparecerse y vomitar*. Cuando un vendedor forza a sus clientes a soportar estas letanías de diálogo sin sentido, ellos no quieren nada distinto a que él se pare, se calle y se vaya. Por su parte, los vendedores suelen irse pensando que han generado interés cuando en realidad es todo lo contrario. Ese cliente nunca tendrá ni la menor intención de volver a ver a ese vendedor, y la típica pregunta, *¿puedes ponerlo por escrito?* es solo una forma educada para lograr que el vendedor se despida y se vaya. Luego, ingenuamente, el vendedor invierte horas de esfuerzo preparando su propuesta.

Bombardear a tu cliente con información para demostrarle cuánto sabes es muy perjudicial para tu éxito en las ventas. Si no haces preguntas, entenderás apenas un 20% de la situación del cliente mientras que al 80% restante, al que contiene los detalles importantes, lo dejarás en la nebulosa. Sin lugar a dudas, todo esto conduce a hacer suposiciones basadas en desconocimiento y, bajo esas circunstancias, pocas veces surgen propuestas pertinentes. Si conduces tus reuniones de esta manera, no te estás ganando el derecho a trabajar con tus prospectos y puede que hasta termines debiéndoles por el tiempo que les haces perder.

¿Cómo superar esto? ¿Cómo superar ese instinto y esa necesidad personal que te empujan a hablar más de la cuenta y a pretender que sabes todas las respuestas?

Piensa en el proceso de cuestionamiento como si fuera un árbol. Tu pregunta principal es el tronco del árbol; cuando la haces, el cliente te dará una respuesta. A este punto, es bastante usual que el vendedor intervenga agregando todo un comentario acerca de la respuesta de su cliente que a lo único que conduce es a que el cliente pierda el interés.

Un mejor método es interesar poco a poco al cliente en tus servicios y productos. Involúcralo utilizando cada una de sus respuestas para abonar el terreno para hacerle tu siguiente pregunta. Después de cada pregunta, utiliza su respuesta para formularle la siguiente pregunta. Una vez que has logrado hacer el mismo procedimiento con por lo menos tres preguntas importantes, tu cliente ya te ha proporcionado la información detallada necesaria para que tengas una mayor comprensión de sus necesidades.

Tal vez te preguntes: *"Bueno, entonces ¿cuándo sé que ya no debo hacer más preguntas? ¿Y qué hago después?* Cuando preguntes y sientas que ya tienes lo que necesitas para pasar al siguiente paso: hacer una lluvia de ideas sobre posibles soluciones.

Ha llegado al momento para que hagas una lluvia de ideas junto con tu cliente acerca de las cuestiones y problemas que has descubierto gracias a tus preguntas y con la ayuda de sus respuestas; y además, también para revisar las opciones que podrían implementarse a manera de solución. El siguiente es un modelo de cómo sería esa conversación:

"Bueno, todo parece indicar que usted está experimentando algunas consecuencias como resultado de ciertas circunstancias primordiales, como por ejemplo _____ y _____. Se me ocurren tres posibles soluciones: la primera sería _____; la segunda sería _____; y la tercera consistiría en _____. Aunque la primera opción le dará resultados inmediatos, la tercera lo beneficiaría más, pero a largo plazo. ¿Qué cree que le funcionaría mejor?"

Cuando eres capaz de intercambiar ideas con el cliente acerca de su visión global de la situación, la solución que seleccionen entre los dos será mucho más apropiada para su situación y necesidades específicas. Además, tu cliente te verá como el experto que se preocupa por ayudarle a resolver sus asuntos.

Hace poco hice un taller en el que el cliente me pedía que hablara sobre diez maneras de cerrar un negocio; en realidad hay solo dos: la primera consiste en pedir lo que quieres de manera clara y concisa, sin insinuaciones ni sugerencias, sino directo al punto. La segunda (y más eficaz) es proponer una lluvia de ideas en conjunto con el cliente para encontrar por lo menos tres posibles soluciones. Interésalo discutiendo cada solución y luego pregúntale cuál se ajusta mejor. Cuando el cliente diga: "Esta opción me funciona mejor", pregúntale: "¿Por qué razón?" Al hacerle esta pregunta final obtienes mucha más información respecto a cómo es su proceso de toma de decisiones y cuáles son las razones de su elección. Así, juntos, tú y tu cliente, han encontrado la mejor solución. Y como un bono extra, ahora el cliente te verá como un consultor creíble y competente; y tú habrás recorrido un largo camino para alejar de él a tu competencia.

Estrategia 31

Identificar las seis razones por las cuales los clientes compran y hacen objeciones

Cuando el típico vendedor escucha una objeción, se llena de miedo y temor, —la respuesta natural que se produce cuando surge una pregunta para la cual no tiene respuesta. Sin embargo, la persona que hace *la pregunta* percibe esa reacción como un rechazo. Cuando hacemos una pregunta nos ponemos a nosotros mismos en condiciones de ser rechazados y esto crea una sensación de vulnerabilidad. La clave consiste en saber manejar nuestros sentimientos y enfrentar ese riesgo en beneficio de descubrir lo que nos espera al otro lado del temor.

Parece contradictorio, pero después de décadas de trabajo en el campo de la implementación de negocios, he concluido que la única manera de llegar a donde necesitamos y alcanzar lo que queremos es estando dispuestos a soportar cierta incomodidad durante el camino al éxito. Es absolutamente imposible estar preparados para lo que tememos, para lo inevitable, a menos que hayamos pensado en lo que debemos esperar. Cualquier persona que haga una solicitud, en casi cualquier situación en la que existe alto riesgo, recibirá una o la combinación de objeciones que se derivan de las siguientes seis condiciones del cliente.

El momento adecuado - El momento adecuado es, por lo general, la primera fuente de objeción. Hace poco, contraté a una profesional para que trabajara conmigo como gerente de proyectos. La tenía en mi radar desde hacía casi un año. Aprecio lo valiosa que ella es y le doy mérito por su inteligencia; además, siempre tuve muy claro todo lo que ella podría aportarme, pero todavía el momento no era el adecuado; solo hasta ahora ya que durante un tiempo me pareció que yo contaba con toda la disponibilidad del mundo para hacer yo misma todo mi trabajo, pero mi situación cambió y esta nueva realidad me llevó a contactarla. Hicimos una cita y yo pude ver que había llegado el momento para que ella comenzara a trabajar conmigo. Lo maravilloso es que ella estaba disponible.

El riesgo que tus clientes potenciales deben estar dispuestos a afrontar cuando te dicen *no en este momento* es que, cuando llegue el momento adecuado para utilizar tus servicios, tú ya no estés disponible. Ellos saben que casi siempre habrá alguien más que puede suministrarles un servicio o producto similar; pero, si solo quieren contar con *tu* experiencia, *tus* habilidades y *tu* actitud, te esperarán.

La necesidad - La necesidad es la segunda fuente de objeciones del cliente. ¿Necesita tu cliente lo que tú le ofreces en ese momento? ¿Necesita deshacerse de algo? ¿Quizá tenga que adquirir algo? Si tú estás vendiendo servicios y productos relacionados con tecnología o sistemas de seguridad computarizados, pregúntale a tu cliente si piensa abrir más oficinas para ampliar sus operaciones. Si la respuesta es sí, entonces él tiene la necesidad inmediata (un momento urgente) de asegurar esa nueva área de operaciones pues no podrá abrirla hasta no haberla asegurado, por lo tanto el momento es una parte vital en el proceso de tomar su decisión. Los dos primeros requisitos para tomar una decisión están formando parte de esa situación: *el momento adecuado y la necesidad.*

Confianza - La confianza es la tercera condición necesaria para tomar una decisión —y se construye con el tiempo. A lo mejor ya disfrutas de un alto grado de confianza porque tu cliente ya te conoce, ha hecho tratos contigo y tú le has demostrado ser responsable. Si se trata de alguien con quien no has hecho negocios antes, necesitas *demostrar* que eres digno de confianza hasta merecerla. La principal fuente de confianza es la voluntad para rendir cuentas. En pocas palabras esto significa que, cuando das tu palabra, debes cumplirla. Si hay algo que hace que tus clientes se impacienten contigo (y casi todas los demás personas que tienen un correo de voz) es que seas un proveedor de los que tiene un mensaje de correo de voz que dice:

"Estoy contestando otra llamada o me encuentro lejos de mi escritorio en este momento. Si usted deja un mensaje, yo lo llamaré tan pronto como pueda".

Ya lo dije y lo repito: después de décadas de estar recibiendo y dejando mensajes de voz, ya hoy nadie necesita recibir instrucciones sobre cómo dejarlos. En segundo lugar, no es necesario que aclares que estás en el teléfono o fuera de la oficina. El hecho es que no estás disponible. Desde el mismo momento en que las personas que te llaman oyen tu voz grabada, ¡ya entienden que tú no estás!

Sin embargo, si tu contestador dice: "Hola, mi nombre es Jason LeDrew, mi objetivo es devolverte la llamada en un término de cuatro horas", estás mostrando un nivel de compromiso que muy pocos proveedores están dispuestos a manifestar. Al mantener esa promesa, el cliente comienza a verte como un proveedor digno de confianza. No entiendo por qué los profesionales no cumplen con su compromiso de devolver las llamadas. ¡Este simple hecho es la manera más rápida de destacarte entre la multitud! Y, si por alguna razón no puedes llamar en el transcurso de cuatro horas, reconoce tu incumplimiento y explica por qué razón no lo hiciste. La gente de negocios entiende las distintas circunstancias que pueden impedir que cumplas con tu palabra. El punto es que ser responsable y estar dispuesto a rendir cuentas por una hora de retraso es un ejemplo de rectitud. Todo el mundo prefiere hacer negocios con aquellos que son responsables y están dispuestos a dar explicaciones ya que su actitud demuestra que además son ¡dignos de confianza! Si tú demuestras estos atributos, *valdrá la pena hacer negocios contigo.*

Calidad – Otra objeción que a menudo presentan los prospectos y clientes es que ellos necesitan estar seguros de la calidad de tus productos o servicios. La calidad de tu empresa, de tu producto, y tu calidad como proveedor están en constante escrutinio. Cuando permites que tu nivel de calidad disminuya, estás abriéndole la puerta a tu competencia. Es muy frecuente que los consumidores, al hacer sus compras, por ejemplo un carro, hagan un diagrama comparativo que dé cuenta de los méritos de las diversas marcas de carros que llaman su atención. Por lo tanto, es posible que también hagan lo mismo cuando compran servicios profesionales o productos, incluyendo desde instrumentos hasta consultorías.

Si tus clientes potenciales están buscando una consultoría, por ejemplo, es muy probable que busquen referencias de cinco o seis empresas consultoras que hayan trabajado con determinado vendedor y pregunten: "¿Es esta persona de alto o bajo rendimiento? ¿Él o ella van más allá de las expectativas del cliente?" Los clientes que desarrollan cuadros comparativos cuando compran un producto tangible también son propensos a hacerlos cuando se trata de la contratación de un servicio y viceversa.

Servicio - La quinta fuente de las objeciones del cliente está relacionada con tener expectativas poco claras respecto *al nivel de servicio* que necesitan de ti como vendedor. ¿Qué nivel de servicio estás *dispuesto* a ofrecer? ¿Estás disponible en tu celular un 50%, 80% o 100% del tiempo? Cualquiera que sea el caso, infórmaselo a tus clientes para que ellos tengan expectativas realistas. Una de las cualidades de un *prospecto* Tipo A es que él regresa sus llamadas dentro de un marco de tiempo razonable. Uno de las características esenciales del *vendedor* Tipo A es que, bien sea que devuelva o no sus llamadas dentro del plazo razonable que les ha informado a sus prospectos y clientes, él compromete su palabra y la cumple. Este es un requisito primordial con el cual debes contar incluso antes de pensar en desarrollar la actividad empresarial.

Cuando un cliente necesita que tu personal de mantenimiento, técnicos de servicio o administradores de proyectos hagan un esfuerzo adicional, ¿están ellos dispuestos a hacerlo? ¿Cómo funcionan tus productos y servicios comparados con los de tu competencia? Los clientes siempre hacen análisis competitivos exhaustivos mientras hay por ahí vendedores inexpertos tomando el sol convencidos de que la "relación" con su cliente les ayudará a hacer la venta.

Valor - La sexta razón por la que los clientes compran (o se niegan a comprar) se debe a la capacidad del vendedor para vender valor. Un vendedor que no inspira, educa y reta al cliente tiene menos probabilidades de ser categorizado como un proveedor Tipo A. ¿A qué crees que se deba? En mi opinión, creo que es porque, cuando hacemos nuestra presentación y logramos inspirar, educar y retar, estamos demostrando un liderazgo que a su vez inspira confianza en el cliente.

¿Quién no querría seguir a un verdadero líder? Cuando te presentas y proporcionas calidad, servicio, confianza, y además demuestras comprensión hacia las necesidades y horarios de tus prospectos y clientes, eres percibido como un profesional de alta calidad. Tus posibilidades de cerrar el trato son mucho más altas que las de tus competidores ¡y es así como te conviertes en parte de la ventaja competitiva de tu empresa!

¿Qué te sugiero que hagas con esta información? Que te autoevalúes en una escala de uno a diez en todos y cada uno de los seis factores que acabo de mencionar. ¿Sabes identificar cuándo es el momento indicado para tu cliente o prospecto? En una escala de uno a diez, ¿qué tanta urgencia tiene tu cliente de tu producto o servicio? ¿Qué tan confiable has demostrado ser? ¿Has hecho promesas, dado tu palabra y cumplido en numerosas ocasiones? ¿Qué nivel de calidad ofrecen tu empresa, tu producto o servicio y tú?

¿Tienes una lista de clientes leales que estarían felices de dar excelentes referencias de tu trabajo y que además te dan referidos? Los clientes están dispuestos a dar referencias, pero el típico vendedor (el otro 90%) ¡no las pide! Si tú lo haces, ¡califícate un diez sobre diez! ¿Dónde estás en cuanto al nivel de servicio que prestas? Si hay algún aspecto con respecto a ti o tu empresa que sea inferior a diez, por amor de Dios, ¡tú deberías saberlo! Tu cliente no debería saber más que tú cual es tu nivel en esta escala. Si alguno de los criterios sobre los cuales has hecho tu medición es bajo, discútelo con tu equipo de gestión, apersónate de la situación y luego haz los cambios necesarios para hacer que tu nivel profesional sea ¡insuperable! Tu confianza aumentará de forma exponencial y, como resultado, las ventas que solían tomarte dos años para cerrarlas ahora solo te tomarán un año. ¡Los ingresos de tu empresa aumentarán y tú serás un héroe!

Estrategia 32

Tener en cuenta que las objeciones valen su peso en oro

Muchos vendedores no lo saben, pero existen dos razones primordiales por las que los prospectos formulan objeciones. En primer lugar, las objeciones funcionan muy bien cuando el objetivo es deshacerse de vendedores incompetentes. En segundo lugar, ayudan a los vendedores Tipo A a diferenciarse del resto de la manada, de aquellos que no saben que las objeciones son la esencia de la venta.

Cada vez que recibas, identifiques y le hagas frente a una objeción durante una llamada de prospección, tus posibilidades de conseguir la cita se incrementarán en un 25%. Por lo tanto, si pides una cita tres veces, tendrás el 75% de probabilidades de conseguirla. En raras ocasiones un cliente potencial se sentirá molesto con tu persistencia, pero no dejes que el 5% de tus contactos influya en tu forma de aproximarte al otro 95%.

Negarte a dar marcha atrás demuestra tu confianza en ti mismo y en tu producto. Serás visto como un líder, como un profesional que posee el deseo ardiente de tener éxito. Quienes aprenden a manejar emociones incómodas de tal manera que no se cohiben de insistir en obtener el resultado deseado demuestran su capacidad para perseverar. Quizá te estés preguntando: "¿No se enojarán los clientes si insisto en pedirles una cita?" La respuesta a esta pregunta varía con cada cliente. Si le agregas a tu insistencia en obtener la cita el respeto hacia las preocupaciones del cliente, lo más probable es que él no se ofenda.

La gente con poder se siente cómoda con demostraciones de poder. Si tú eres visto como un vendedor endeble, tus clientes poderosos percibirán que les estás haciendo desperdiciar su tiempo ya que no necesitan a nadie que sea sumiso frente a ellos. Si eres incapaz de manejar algunas objeciones, serás remitido a un funcionario de poca autoridad en la toma de decisiones, que es a donde perteneces. Esta es una dura verdad, pero precisamente por esa razón es que *debes* verte a ti mismo como un vendedor al mismo nivel profesional de tus clientes —como un compañero de trabajo; ellos tienen un problema y tú tienes algo de valor que ofrecerles para ayudárselo a resolver. ¡Esa es una combinación ideal!

Es por esto que los vendedores deben saber que en algún momento recibirán objeciones de sus prospectos y clientes. De hecho, ellos las presentan porque saben que las objeciones intimidan a la mayoría de los vendedores y los mantienen alejados. En su libro, *Can I Have Five Minutes of Your Time?* Hal Becker afirma que el 50% de los vendedores renunció después de hacer la primera llamada. En lo que se refiere al cliente, ¡las objeciones funcionan!

El análisis que produce parálisis

Frente a objeciones como *"Ya tengo un proveedor y estoy feliz con sus servicios"*, la mayoría de los vendedores responde con "Bueno, gracias". Muchos se sienten contrariados y rechazados a medida que cuelgan y, antes de hacer la siguiente llamada en frío, el análisis entra en acción. *El análisis que produce parálisis* (miedo al rechazo) se deriva de una mentalidad en la que la víctima se imagina el peor escenario posible. La mente se paraliza, se preocupa por lo que haya de salir mal. El miedo se vuelve tan fuerte que el vendedor llega a ser incapaz de dar el siguiente paso —llamar a otro cliente— a causa de los supuestos peligros que se avecinan. El análisis que produce parálisis es un verdadero obstáculo en el camino de las ventas. Muchos desisten por completo de hacer llamadas en frío.

Miedo al rechazo

En realidad, no existe tal cosa como el miedo al rechazo. El verdadero miedo es que no seamos capaces de manejar las emociones que se deriven de ese rechazo. Sin embargo, cuando un cliente nos dice *no,* o nos da otra respuesta que nos causa dolor, necesitamos tener en cuenta que ese no es más que un momento en la línea del tiempo. Es la historia que generamos basados en ese momento la que nos genera el trauma y nos volvemos incapaces de reconocer la verdad: que una objeción no es un rechazo personal, sino un rechazo hacia nuestro producto o servicio, pero no hacia nosotros.

He aquí un ejemplo de miedo infundado hacia el rechazo. Supongamos que estás en un evento social y ves a alguien a quien te gustaría conocer y entonces quieres ir y preguntarle si le gustaría bailar contigo, pero a la vez piensas: *"¿Estás loco? Tú llegas a acercarte allí y recibirás un enorme y estrepitoso no y, cuando vayas de regreso a tu mesa, todo el mundo te estará observando y pensando 'qué perdedor eres', y se estarán dando codazos unos con otros mientras tú estarás sintiéndote como un completo tonto"*. Tú has proyectado estos pensamientos en el futuro y los has aceptado como una verdad. Te imaginaste el peor escenario posible y te convenciste a ti mismo de que no existe ningún otro resultado de tu acción.

Es posible afectar los logros futuros cuando les atribuimos sentimientos basados en eventos del pasado, por ejemplo, de la última vez que no logramos tener éxito en la consecución de un resultado muy anhelado y percibimos nuestro fracaso como un rechazo compuesto por nuestros sentimientos de dolor, y ahora los hemos intensificado y sacado de proporción. Y ante el temor de no poder manejar sentimientos de rechazo, tenemos la tendencia a renunciar. La palabra *FEAR* (temor en inglés) es un acrónimo de *Falsa Evidencia que Aparenta ser Real.*

Cuando el vendedor permite que los malos recuerdos le impidan progresar, el miedo al rechazo genera una profecía autocumplida. Cada vez que te enfrentas a un reto, te resulta mucho más fácil verte a ti mismo como una víctima del rechazo que manejar sentimientos que te causan incomodidad. Entonces decides que no volverás a exponerte a manejar el rechazo y ni siquiera haces el intento de enfrentar este nuevo reto. ¡Cuántas oportunidades valiosas estarás perdiendo al pensar y actuar de esa manera!

Estar dispuesto a recibir un *no* por respuesta

La solución para superar el miedo al rechazo es abrirte a la posibilidad de ser rechazado y aceptarlo como un simple *no* y no como una ofensa personal. Es crucial que cambies la idea de que debes ser bien recibido y llegar a un acuerdo a lo largo de todas tus interacciones; la vida no es así. La disposición a aceptar y digerir un *no* es uno de los factores más importantes para alcanzar el éxito. Este simple cambio de mentalidad te ayudará a parecer más digno de lo que te sientes y así lograrás mucho más de lo que pensabas que podrías lograr. Desprenderte de las ideas del *sí* y el *no* te ayudará a mantener la calma y te permitirá convertirte en un verdadero profesional de las ventas.

Existe una manera de utilizar el poder del miedo al rechazo y es invitando al cliente a decir que *no*, bien sea a ti o a tu oferta. Esta es una aplicación de la sicología a la inversa, y funciona. Cuando hago una llamada de prospección o le presento una propuesta a un prospecto, yo anhelo esa cita u oportunidad de todo corazón. Sin embargo, estoy dispuesta a que me rechacen. Tengo bastante experiencia con el rechazo como para saber que me dolerá un poco, pero estaré a salvo. No voy a explotar, ni a derrumbarme. A lo mejor tenga dudas, pero opto por ignorarlas. Sin embargo, sí sirve de ayuda pedir lo que deseas de tal manera que reduzcas al mínimo tus sentimientos incómodos si tu prospecto o cliente rechaza tu solicitud. Una técnica consiste en darles a las personas el derecho a decirte que no contemplando así la posibilidad del rechazo. Podemos pedir de tal manera que inspire a otros a ser más receptivos hacia nuestras peticiones, ya sea en una empresa o en un entorno social: "*Me gustaría bailar contigo, pero si no deseas hacerlo, siéntete en libertad de decirme que no*".

Darles a los clientes y prospectos la opción de decir que no de esa manera es *contrario* a muchas estrategias de venta utilizadas en el pasado. Típicamente, la literatura, los comandos de ventas y las presentaciones se han desarrollado pensando en arrinconar al cliente hasta llevarlo a estar de acuerdo con el vendedor. Si esta estrategia funcionara, ¡habría muchos más *vendedores estrella* en el mundo!

En un entorno de oficina, podríamos decir: "Mark, te agradecería si quisieras ayudarme a llevar a la bodega unas cajas que tengo en mi oficina, pero por favor, si no puedes hacerlo, siéntete libre de decirme que no". Cuando le das a la gente la oportunidad de decirte que no, reduces la incomodidad que podrías sentir si te dicen que no, —que es a lo que la mayoría de la gente le llama rechazo. Al expresar esta opción, te estás preparando para enfrentar la posibilidad de recibir un no. Paradójicamente, al darle a la gente la opción de decirte que no, logras que sea más probable que muchos te digan que sí puesto que es parte de la naturaleza humana que nos sintamos respetados cuando se nos da la opción de elegir sobre nuestras acciones. Cuando les damos a elegir a los demás, sin importar qué tan sencilla sea la elección, esa libertad genera receptividad y logra que ellos bajen sus defensas. Darles a quienes nos rodean una elección es la base del respeto. Cuando las personas con las que interactúas sienten tu respeto hacia ellas, entonces se vuelven más receptivas y el *sí* se convierte más fácilmente ¡en su respuesta final!

La libertad para elegir aumenta el respeto

Pedirles lo que quieres a tus clientes, como cerrar un trato o solicitar una cita de negocios, no es diferente desde el punto de vista emocional a pedirle a alguien que baile contigo. En ambos casos suele existir una sensación de temor que se reduce cuando les concedes el permiso, ya sea verbal o mentalmente, para que te digan que *no*. Con frecuencia, el *no* viene disfrazado de objeción o queja.

Es de vital importancia que mantengas tus oídos sensibles y que, cuando recibas un *no* por parte de tu cliente, no te molestes; por el contrario, acéptalo. Es necesario saber que los clientes actuales y potenciales dicen que no en distintas formas; algunas, directas; otras, más sutiles.

El *no* directo

Al igual que es incómodo recibir un *no* cuando pedimos algo, también es difícil para los clientes decirnos que *no*, razón por la cual le damos la opción a la persona en el baile para que nos diga que *no*. Algunos clientes se vuelven creativos para rechazarnos y aun así no sentir verguenza. Con frecuencia, el no es más que todo una cortina de humo en forma de objeción o de crítica.

Un ejemplo de un *no* directo es la consabida objeción que nos presentan cuando llamamos para proponer una cita. El prospecto podría decir: "Ya tengo un buen proveedor y estoy feliz con sus servicios", o "No tengo tiempo". El típico vendedor diría: "Bueno, está bien. ¿Puedo enviarle un enlace de mi sitio red?" El cliente está de acuerdo y el vendedor se siente más calmado y ahora los dos se sienten mejor. A esto lo llamo el *Síndrome de los oídos felices* puesto que el vendedor se siente saciado porque al menos su prospecto le dijo que *sí* a algo. Es vital que reconozcas desde cada fibra de tu ser que los clientes tienen el derecho a decir *no* de la manera que ellos elijan, al igual que tú tienes el derecho a pedir lo que quieres una y otra vez.

En un escenario potencial de llamadas en frío, tú puedes utilizar el enfoque contrario a la objeción de un cliente: *No tenemos ninguna necesidad*, respondiendo de esta manera:

"Steve, este paquete de software que represento es revolucionario. Examínalo, ensáyalo, úsalo, pero por favor, no pierdas la oportunidad de descubrir cuánto te ayudaría con tu sistema de contabilidad. Si estás de acuerdo en reunirte conmigo durante una hora, te prometo que no te presionaré. De hecho, si deseas adquirirlo, será como y cuando tú quieras".

Al final de la cita, no habrá nada que te impida decir: "Steve, te prometí que no te presionaría. ¿Qué crees que deberíamos hacer? La elección es tuya". Una vez que le hayas hecho la pregunta, guarda silencio y espera a que él te responda. Si hablas antes, entrarás en la etapa de alta presión en las ventas. Si la respuesta es no proseguir con el proceso de la venta y que no lo vuelvas a contactar, respeta esa decisión.

El *no* sutil

También hay una forma sutil de decir que *no*. Supongamos que estás reunido por tercera vez con María y parece que estás logrando hacer la venta; así las cosas, decides proponer el cierre del negocio reiterándole las que crees que son sus necesidades y luego le haces la pregunta: *María, ¿ve usted alguna razón por la cual hoy no pueda convertirme en su proveedor?*

Cuando María te responda: "He oído que usted ha estado teniendo dificultades con las entregas de los productos", no te desanimes. Por el contrario, disponte a explorar en qué consiste esa preocupación. Preséntate como un ascesor confiable manifestando tu disposición a ahondar en el asunto y explorar hasta encontrar en dónde está el conflicto. Para lograrlo, mantente en silencio y dale a María la oportunidad de hablar y explorar el asunto contigo y sin necesidad de que te pongas en una actitud confrontacional.

Es de vital importancia aprender a ver toda preocupación del cliente como un posible *no*. Ten siempre en cuenta que, si tratas de restarle importancia, cualquier clase de preocupación podría convertirse en un impedimento para hacer el negocio. Lo ideal es que animes a tus clientes actuales y potenciales a revelar y discutir todas las preocupaciones que ellos tengan respecto al producto, servicio o al negocio en sí. Lo que es fascinante (y contradictorio) es que, después de analizarlas, son los mismos clientes y prospectos quienes a menudo las descartan. Por el contrario, si no los animas a explorar todas sus preocupaciones y objeciones, ellos seguirán expresándolas hasta que estas terminan por convertirse en un impedimento para cerrar el negocio.

Cuando tengas una actitud abierta y receptiva hacia cualquier forma de decir *no* que planteen los clientes, tu negocio crecerá y tu capacidad para recibir un *sí* o un *no* será percibida como un comportamiento respetuoso de tu parte.

Cómo discutir objeciones y/o preocupaciones

Es esencial que, cuando comiences a analizar las preocupaciones del cliente, en primer lugar, le brindes la oportunidad de presentártelas. En el típico escenario de ventas, los vendedores tratan de evitar la confrontación hablando demasiado rápido porque piensan que, si el cliente no expresa su desacuerdo con respecto a ellos, a la empresa que representan o al producto o servicio que ofrecen, entonces todo está bien y esa ha sido una buena llamada de ventas.

Sin embargo, el proceso de venta a *la inversa* establece que nada podría estar más lejos de la verdad. Tú debes estar dispuesto a prestarle total atención al desacuerdo entablando un diálogo que se ocupe de resolver las preocupaciones que le causan molestias e inconformidad a tus prospectos y clientes.

Por desgracia, la mayoría de las personas desciende por un espiral de frustración cuando recibe una retroalimentación que no es para nada positiva. Alguien no está de acuerdo con ellos y de inmediato se sienten desaprobados, se desmoronan y responden, bien sea a la defensiva o justificándose o se retiran del proceso. Este ciclo de comunicación inmadura mantiene en la tiranía a quienes sostienen una relación con este tipo de personas que esperan que solo les digan o les expresen lo que que ellas quieren oír.

Como he dicho antes, demasiados vendedores sufren del síndrome de los oídos felices y prefieren evitar objeciones a toda costa, pero con esa actitud se privan a sí mismos de la oportunidad de aprender a entablar relaciones comerciales de beneficio mutuo y de larga duración.

Al darles a tus prospectos y clientes la opción de decir *no* y demostrar que de verdad estás dispuesto a recibir sus objeciones de una manera abierta, disfrutas de cuatro ventajas:

1. Te ayuda a crear receptividad logrando que tus clientes/prospectos se sientan respetados y no arrinconados.

2. Proyectas la impresión de ser alguien seguro de sí mismo y abierto a retroalimentaciones de todo tipo.

3. Estás por encima de tu competencia y harás más ventas. Al obtener mayor información de tus clientes entiendes mejor sus necesidades. ¿Te gustaría tener que lidiar con un vendedor que no entiende los problemas que enfrentas en tu entorno de trabajo?

4. Eres mucho más accesible; una persona que no está a la defensiva ni tiene segundas intenciones es mucho más agradable.

Manejo de la objeción

En el juego de hockey, el vocablo *stickhandling* se refiere a dirigir con habilidad el disco alrededor de los miembros del equipo oponente. En las ventas, la objeción del cliente es el disco.

Si no sabes cómo despejar objeciones, no lograrás lo que quieres. Si cedes cuando las cosas se ponen un poco ásperas, estás demostrando debilidad. Si no sabes cómo resolver objeciones y situaciones difíciles tanto para ti como para tu cliente, cuando surja la necesidad, no serás un defensor efectivo de tu cliente dentro de tu organización.

Imagínate que un cliente hace un pedido de componentes de instrumentación costosos. La fecha de entrega acordada es de 90 días, pero tu cliente sufre un imprevisto y llama para solicitar la entrega en 75 días. ¿Serás capaz de luchar por ese cliente? Solo serás un defensor efectivo si eres firme. Al renunciar a las objeciones con facilidad les estás mostrando a tus clientes que también renunciarías cuando tengas que buscarles solución a los problemas.

Cinco preguntas para enfrentar objeciones

Es de suma importancia recordar que una objeción de un prospecto *no* siempre es un *no* definitivo ni su última palabra. Es más bien como un indicio de que él todavía necesita más conocimientos del producto, del servicio, de tu empresa o de ti. Al presentar objeciones, el prospecto está mostrando que quiere saber más; o, simplemente, quiere saber si tú eres capaz de manejar sus objeciones. Cualquiera que sea el caso, esa es una buena oportunidad para que *tú* también te informes más haciendo preguntas acerca de aspectos específicos.

Reducirás tu brecha de conocimientos, descubriendo lo siguiente:

1. *Cómo*, desde una perspectiva global, tu producto o servicio influirá en el negocio de tu cliente.

2. *Cuáles* son las necesidades actuales de tu cliente para después proyectarlas de 1 a 5 años. Además es conveniente que trates de deducir *qué* paralizaría el proceso de venta. Por ejemplo, ¿cuál

es el presupuesto que tu cliente maneja? ¿Cuál es su posición competitiva en el mercado?

3. *Por qué* te elige a ti por encima de tu competencia.

4. *Dónde* se utilizará el producto o servicio y *quién* más dentro de la empresa podría necesitarlo.

5. *Cuándo* hacer el cierre. Durante cada cita, pídele al cliente que tome la decisión de cerrar el trato o que avance en el proceso que conduzca a hacer la venta, —lo cual podría significar una buena oportunidad para que te contactes con otros miembros del equipo que influyan en la decisión. Una representante de ventas dijo hace poco: "¡No necesito constructores de relaciones! ¡Necesito vendedores que cierren negocios!"

Actúa como un niño (más o menos)

¿Hasta cuándo dejan los niños de pedir lo que quieren? La respuesta es: *hasta cuando lo consiguen.* ¿Qué hace que los niños sean mucho más insistentes y exitosos que los adultos en cuanto a lograr lo que quieren?

Los niños quieren lo que quieren de todo corazón y están dispuestos a invertir todo su tiempo y energía para conseguir su objetivo. Sin embargo, a medida que ellos se convierten en miembros activos de la sociedad, durante ese proceso de socialización se les enseña que no es apropiado perseguir sus deseos con pasión juvenil. Si pudiéramos recuperar nuestra juventud, también recuperaríamos el enorme deseo de hacer lo que haya que hacer para conseguir lo que queremos.

Como adultos, necesitamos recordar que conseguir lo que queremos no es una cuestión de codicia ni un comportamiento egoista. Si tienes una visión o un sueño, no estás siendo egoísta por querer convertirlo en realidad. Cuando una persona aprende a integrar la tenacidad de un niño con el entendimiento de un adulto, es capaz de alcanzar sus propósitos y triunfar.

Ser agradable y colaborador, pero sin habilidad para pedir el cierre de un trato, es un indicio de que, en el futuro, también podrías ser ineficaz cuando tengas que resolverles sus inquietudes y necesidades a tus clientes (y de hecho, también las tuyas).

Aceptar retroalimentación

Hay tres actitudes que caracterizan a la mayoría de los vendedores:

1. Algunos no pueden; entonces no lo hacen.

2. Algunos pueden; entonces lo hacen.

3. Algunos no pueden; entonces lo hacen de todos modos.

¿Cuál es tu actitud? Asegúrate de aprender tanto como puedas acerca de tu actitud y habilidades. Sé abierto a recibir ayuda de aquellos que te observan y están dispuestos a ayudarte a identificar las áreas que necesitas mejorar. Los profesionales verdaderamente efectivos no dudan en buscar nuevos recursos que les ayuden a alcanzar sus objetivos.

Advertir objeciones

Durante mis años de consultora de equipos de ventas, les he pedido una y otra vez tanto a los gerentes de ventas como a sus representantes una lista de las objeciones que más a menudo reciben; algunos de ellos cumplen con la simple tarea de mantener tal lista. El vendedor exitoso analiza cómo va cada experiencia durante el proceso de venta con el fin de identificar las objeciones de sus clientes. Necesitas identificar las objeciones para tener listas las respuestas apropiadas —incluso antes de que comiences a responderlas con eficacia.

Estas son algunas de las razones por las cuales más comúnmente manifiestan los vendedores que no tienen un sistema para manejar objeciones.

Barreras internas que impiden recibir objeciones

Fuera de las objeciones que les presentan sus prospectos o clientes con respecto a concederles citas o a elegirlos como sus proveedores, existen otras objeciones que muchos vendedores necesitan superar: las que están dentro de su propia mente. Las siguientes son algunas de las barreras internas que podrían estar bloqueando su capacidad para recibir objeciones:

- Creer en el consejo de los conferencistas expertos en motivación y en el de los autores que afirman que los vendedores deben ser pensadores positivos y que, por lo tanto, anticiparse a las objeciones constituye un modo de pensamiento negativo. ¡Esto es simplemente absurdo! El pensamiento positivo, sin algún tipo de conexión con la realidad, hará que cualquiera que piense así se quede atrapado en la mediocridad y esté condenado a ser un fracasado feliz.

- Preferir no conocer cuáles son las objeciones más frecuentes que les presentan sus clientes y permanecer en un estado constante de tensión y miedo que les ayude a sentirse activos.

- Ignorar el hecho de que, si los clientes no participan lo suficiente como para presentar objeciones, tampoco estarán interesados en hablar de los pros y los contras del producto.

- Desconocer que a través de las objeciones sus prospectos podrían diferenciarlos de la multitud. Un representante de ventas que no sabe cómo manejar algunas objeciones tampoco será capaz de enfrentarse a las dificultades que surjan en la posventa.

- Tener baja tolerancia hacia la incomodidad y ver las objeciones como una rechazo personal. Tomarse las cosas a título personal es una respuesta inmadura y emocional.

- Ignorar su tendencia a ser neurológicamente *impacientes*. En ocasiones, muchos vendedores son incapaces de mantenerse en el proceso de la venta y quieren abandonarlo demasiado pronto. A veces, hay procesos de venta largos y complicados.

- Desconocer que las personas que saben tomar buenas decisiones pasan por un período de investigación. Y en lugar de sentirse intimidados o impacientes con el tiempo que sus clientes necesitan para sentirse seguros de lo que van a decidir, los vendedores deberían aprender a ayudarles a sus clientes a través del proceso. Esto contribuirá a ganarse su lealtad.

◆ No verse a sí mismos como consultores. Un consultor experto quiere descubrir problemas y encontrar soluciones a largo plazo. En cambio, la mayoría de los representantes de ventas solo quiere cerrar tratos inmediatos y nada más.

◆ ¡No ser conscientes de lo fácil que es manejar objeciones!

Cuando te das cuenta de las objeciones que plantean los clientes o prospectos, y las enfrentas desde un punto de vista objetivo, estás mejor preparado para manejarlas con seguridad, lo cual te permite llegar a una solución satisfactoria para tu cliente potencial y, por consiguiente, estarás mucho más cerca de hacer la venta.

Estrategia 33

Identificar qué está bloqueando
el cierre de tu venta

Al intentar cerrar cualquier trato casi siempre es inevitable enfrentar algunos bloqueos iniciales. Aquellos de ustedes que son perfeccionistas y/o perpetuamente optimistas o positivos podrían no estar de acuerdo con esta declaración. Pero en este caso, vale la pena ser un 60% optimistas y un 40% paranoicos; de esa manera es más fácil analizar qué posibles obstáculos podrían surgir antes de que estos aparezcan. En este capítulo trataremos sobre los cinco grandes bloqueos que podrían estar impidiendo tu siguiente venta.

Si no se presenta ningún impedimento, todo está bien, tienes la oportunidad que piensas que tienes. Pero, si hay circunstancias que se interponen entre tú y el acuerdo, y tú no estás intentando identificar cuáles son, habrás fracasado antes de empezar. ¿Cuáles son algunos de los bloqueos que surgen entre tú y tu éxito?

¿Qué tan alto es el nivel de servicio de tu compañía? ¿Es tu nivel de servicio el que debería ser? Si tus clientes actuales tuvieran que contestar una encuesta sobre el servicio o producto que te compraron, ¿dirían que fue a tiempo y dentro del presupuesto establecido? Cuando llaman a tu empresa a pedirte soporte técnico, ¿les devuelven sus llamadas de inmediato? En una escala de 1 a 5 ¿evalúan ellos consistentemente tus productos y servicios con un 5/5? ¿Recibes una calificación de 2/5 o 3/5 de vez en cuando? Recuerda que, incluso si tus clientes obtienen lo que necesitan, pero tu servicio no cumple con los estándares que ellos desean, tendrás dificultades para hacer tu trabajo.

Otro bloqueo frecuente para alcanzar el éxito en una venta es la financiación. Con frecuencia ocurre que los clientes o prospectos comienzan a buscar soluciones en el año en curso a sabiendas de que es con el presupuesto del próximo año que las financiarán. Si un vendedor no le pregunta a su cliente qué presupuesto destinará a financiar el proyecto y en qué momento, estará omitiendo una información que ejerce un gran impacto en la orden de compra. Muchos vendedores no cuentan con esta información y, sin embargo, aun así incluyen esa clase de negocios en sus reportes de ventas como si fueran a hacerlos durante el año en curso; es así como incurren en presentarle a su jefe *falsas predicciones*. Averigua qué presupuesto será utilizado para la realización de tu proyecto con el fin de pagar aquello que quieres vender. Si el proyecto no es para este año fiscal, estás apenas en la etapa inicial y necesitas relegar ese cliente a la categoría de prospecto Tipo C.

Otro bloqueo muy frecuente es la falta del personal que te apoye para ayudarle al cliente a implementar tu solución. ¿Aumentará tu solución el negocio de tu cliente en un 25%? Si eres un consultor de fusiones y adquisiciones, ¿tendrás disponibles y a tiempo los recursos para llevar a cabo la gestión del cambio que le propones al cliente? La empresa realmente sobrevive y prospera en función de si hay o no la gente preparada para implementar los nuevos sistemas y procesos.

Tu conocimiento y capacidad para comprender cuando es *el momento adecuado para tu cliente* es vital. Por ejemplo, vamos a suponer que hay una empresa de perforación con un presupuesto para adquirir cuarenta equipos de perforación, con veinte plataformas listas en cuestión de un mes. Pero de repente el presupuesto se redujo a solo cuatro equipos de perforación y hay problemas para que la empresa provea sus servicios para aquellos cuatro equipos. Reconocer el momento adecuado, combinado con problemas de presupuesto, es vital para entender las necesidades de tus clientes. Es cuestión tuya decidir si deseas o no vender al precio que es. Pero, si el tiempo es corto, ¡generalmente puedes cobrar más!

La confianza y la credibilidad son vitales. A lo mejor tú tienes el mejor producto y el mejor servicio, pero si hay algo acerca de ti, el vendedor, que no genera en el cliente la confianza y credibilidad necesarias, será muy difícil que hagas la venta, ¡aún si propones un buen descuento! No estoy hablando de una buena relación. ¿Te presentas delante de tus clientes con tus camisas o pantalones arrugados o sucios? ¿Fumas o bebes mucho café? Si es así, lleva contigo una pequeña loción para que la uses sobre tu ropa y ponte una menta en la boca antes de la reunión. Existe una norma en cuanto a la ropa ejecutiva: ¡neutral es la mejor!

Es difícil para un cliente hacer negocios con personas que no representan una imagen profesional de su cargo. Muchos vendedores piensan que pueden vestir según su propio sentido de la moda, pero lo cierto es que ellos deben lucir de manera profesional frente a sus clientes.

Estas son las seis principales razones por las cuales los clientes no compran:

1. Momento

2. Necesidad

3. Calidad

4. Servicio

5. Precio

6. Confianza

¡Sé paranoico, por amor a Dios! Averigua qué es aquello que está impidiendo el cierre del trato. Cuando identificas qué está bloqueando la venta, puedes hacer algo al respecto. Si no hay bloqueos y tus clientes aman tus servicios, ¡fantástico! Si cuentan con el personal que necesitan, ¡magnífico! Si el lugar en el cual funcionan es grande, ¡qué gran ventaja! Si están dispuestos a hacer negocios contigo en este momento y confían en ti, ¡aún mejor! ¡Ya tienes tu lista de *sís*! Ahora, dedícate a buscar cuáles son los *no* puesto que necesitas ponerles remedio y luego cerrar la venta.

Estrategia 34

Comunicar efectivamente (y vender más) mediante el uso de ayudas visuales

Hay tres maneras de estar seguro de influir en tu audiencia de forma rápida: inspirándola, educándola y luego desafiándola. Una de las maneras más eficaces de lograr todo esto es mediante el uso de ayudas visuales o modelos de procesos que contribuyan a transmitir el mensaje.

Vamos a suponer que tú eres uno de mis clientes, un vicepresidente de ventas, y yo te pregunto: "¿Cuál es el principal proceso de venta que usted y su equipo de ventas utilizan?" Más a menudo de lo que yo quisiera, muchos me responden que utilizan la venta relacional. Entonces pregunto: "¿Cuál es su sistema de medición de la venta?" Esta parece ser una pregunta difícil para la mayoría de mis clientes y a menudo me responden: "¿Qué quiere decir con 'sistema de medición de la venta'?" Por lo general, les contesto esta pregunta trazando tres círculos, uno más pequeño con la etiqueta *A*, y luego otros dos para *B* y *C*.

Echemos un vistazo: tienes tus clientes *Tipo A*, tus clientes *Tipo B* y tus clientes *Tipo C*. ¿Cómo sabes cuál es cuál? ¿Será factible que tu personal de ventas tenga la tendencia a darte falsas predicciones por el simple hecho de que no conoce las diferencias entre estas tres categorías? En un equipo de ventas de alto rendimiento, tanto el gerente de ventas como cada miembro de su equipo tienen que estar bien informados en cuanto a los criterios utilizados para clasificar como *A, B* o *C* a cada uno de sus prospectos o clientes.

¿Cuántos de tus representantes de ventas están comprometidos a cerrar seis ventas al mes y en realidad las cierran? Si cierran menos de lo previsto, podría ser debido algo que yo llamo la *predicción defectuosa*. Por otro lado, si tus vendedores conocen los indicadores específicos para clasificar a un prospecto como *A*, *B* o *C*, —y si estos se convierten en criterios unificados que hacen parte del entrenamiento de tu organización— tú podrías auditar en cualquier momento a tus vendedores haciéndoles preguntas específicas y de esta manera te desharías de los que *aparenten* producir para quedarte con los que de verdad *produzcan*.

¿Cuánto tiempo, dinero y esfuerzo te ahorrarías si reservaras todos tus recursos para tus prospectos Tipo A en lugar de desperdiciarlos con los Tipo C?

Imagínate los tres círculos consecutivos, uno para cada nivel de prospecto. Piensa en los prospectos Tipo A. ¿Qué opinas que es un prospecto Tipo A? ¿Cuáles son sus indicadores? ¿Qué hace? ¿Qué dice? ¿Cómo se comunica? ¿Cómo trata a los vendedores que se contactan con él para que se distinga de un *prospecto C*? Cuando me siento con mis clientes para explicarles esta estrategia, siempre uso este modelo.

Este proceso es excelente ya que funciona bien sea que me encuentre en la oficina de mis clientes o estemos a mil millas de distancia el uno del otro; de cualquier manera, yo se los explico y hago que ellos a su vez dibujen sus propios modelos. Para empezar, les pido que hagan tres círculos y los denominen *A, B* y *C*. Una vez los tengan, les pido que escriban dentro de ellos una lista de tres comportamientos clave para cada categoría. Luego les pregunto si esa sería la clase de información que ellos considerarían apropiada para distribuirla entre todos y cada uno de los miembros de sus equipos de ventas.

Mis clientes siempre están de acuerdo en que sus vendedores deben tener esta información. Entonces yo les digo: "Sea que trabajemos o no trabajemos juntos, me gustaría ayudarles en el proceso de descubrir cuáles son esas mediciones. ¿Les parece que serían útiles?"

De esa manera los *inspiro* a que influyan personalmente sobre sus equipos y aumenten las ventas de sus empresas.

La gente tiende a recordar el 20% de lo que *escucha*; pero, recuerda el 50% de la información mientras que *escucha* al tiempo que *hace*. Por tal razón, si yo les dibujo el modelo a mis clientes, es efectivo; pero, *si les propongo que ellos mismos lo dibujen*, entonces ellos reconocerán y absorberán el contenido con mayor profundidad. Si les hago varias preguntas con respecto a la diferencia de valor entre cada tipo de cliente, el impacto es aún mayor. La información obtenida de este ejercicio les permite a los líderes de ventas desafiar a los miembros de sus equipos y les da a todos un conocimiento más profundo de su negocio, de las pautas para escribir una propuesta y de cómo generar mayores probabilidades de cerrar sus tratos.

Un segundo estilo de modelo que también utilizo consiste en una sencilla escala de Likert con porcentajes. Después de dibujar la escala les pregunto a mis clientes: "¿Cuántas personas de su equipo de ventas utilizan con eficacia su estrategia de negocio el 100% del tiempo?" Supongamos que contesten que dos, entonces marcamos este número en la escala. Luego utilizamos diferentes porcentajes solo con el fin de calcular qué tantos vendedores están ejecutando el plan de ventas de manera efectiva y con qué frecuencia. Mediante el uso de este modelo, y no tan solo analizando cifras, mis clientes se involucran mucho más en el funcionamiento interno de su equipo.

Otra ganancia de proporcionar información a través de un modelo de procesos es que te impide *hacer demasiado alarde y exagerar* o hablar más de la cuenta frente a resultados específicos. Si involucras a tus clientes en el proceso, ellos te catalogarán como un proveedor profesional y digno de hacer negocios con ellos. Además, les ayuda a tus clientes a identificar a sus propios clientes A y tú serás catalogado como un proveedor cuya calidad también es Tipo A!

Tipo A

Clientes	Pagan sus cuentas
	Ingreso basado solo en relaciones de trabajo
	Hacen proyección de sus necesidades futuras
	Llaman para pedir asesoría
	Manifiestan con claridad sus necesidades/dan retroalimentación
	Pagan a tiempo
	Informan sobre trabajos futuros
	Abogan por nosotros
	Nos dan cartas corporativas de recomendación
	Cuentan con dinero disponible
	Pagan sus cuentas a tiempo
	No demandan una atención desmedida
	Afables/agradables
	Son los que adjudican el trabajo directamente
	Nos ayudan a conseguir las propuestas
	Seleccionan su personal basados en la calidad
	Son clientes bien informados
	Respetan nuestras ideas
	Vuelven a contactarnos

Prospectos	Impacientes por cerrar el trato lo más pronto posible
	Tienen dinero disponible
	Relación afable
	Tienen antecedentes de éxito
	Aprecian la calidad
	Conocen qué habilidades necesita su proveedor para hacer el trabajo
	El trabajo es su única fuente de ingresos
	Alto nivel de trabajo
	Sus proyectos nos generan buenas ganancias
	Son clientes que pertenecen a empresas de perfil superior/alto
	Multidisciplinarios
	Planifican su modo de financiación
	Planean los alcances del proyecto
	Buenos comunicadores
	La retroalimentación puede ser mutua
	Mucho dinero
	Experiencia compatible a la nuestra
	Hay un equilibrio entre trabajo y recompensa
	Capaces de expandirse a otras áreas de práctica/geográficas

152 — Alice Wheaton

Proveedores	Conocen el negocio
	Retorno/accesibilidad/ respuesta/experiencia
	Mayor interés/panorama completo
	Asesores de confianza/ honestos
	Se mantienen en contacto
	Habilidades técnicas/ adaptables
	Consistencia en el trato con los demás (actitud)
	Dispuestos a rendir cuentas
	Disponibles
	Sensibles
	Experiencia
	Aman lo que hacen
	Ingeniosos
	Proporcionan un valor
	Profesionales
	Buena comunicación, entregan actualizaciones y presupuestos a tiempo
	Buena reputación en la industria
	Calidad en el tiempo/ presupuesto
	Seguimiento en la comunicación y el servicio

Tipo B

Clientes	Nos dan un trabajo de vez en cuando
	Nos piden varios presupuestos de un mismo proyecto
	Aprecian el valor de nuestro servicio, pero no son leales
	No generan mayor ganancia
	Solo se comunican cuando quieren
	Indisponen a un proveedor contra el otro
	Podrían mentirnos
	No exactamente seguros de lo que necesitan o desean
	Tienen sistemas de trabajo incompatibles al nuestro
Prospectos	Son leales con la competencia que es leal
	Necesitan ayuda en la planeación inicial del proyecto
	Son buenos clientes a largo plazo
	Nos tienen en cuenta para futuros proyectos
	Nos presentan proyectos riesgosos
Proveedores	Buenos, pero no consistentes
	No devuelven las llamadas
	Se enfocan en el presupuesto, pero no programan el tiempo del realización del proyecto o viceversa
	Hacen un buen trabajo, pero necesitan supervision constante
	Su sistema de trabajo es confuso

Tipo C

Clientes	Buscan demasiados presupuestos
	No toman decisiones
	Alta rotación de personal
	Hablan solo de precios
	Son deudores morosos
	Nunca llaman. Si lo hacen, es en caso de emergencia
	Tacaños, cuestionan todo
	Cambian cada rato de opinión y esperan que el servicio tenga el mismo costo
	No respetan nuestro tiempo ni ámbito de trabajo
	El precio lo es todo
	Débiles
	Expectativas irrealistas
	No saben tomar decisiones
	Desgastantes
	Quieren trabajo gratuito
	Un solo trabajo en la vida

Prospectos	No están seguros de lo que requieren
	Ya utilizan otra empresa
	No le dan valor a los servicios de ingeniería
	Proponen proyectos poco interesantes
	Son poco prácticos
	Tienen a varias personas encargadas de un mismo proyecto
	Solo están indagando
	Están totalmente comprometidos con otros proveedores
	Historial de pago dudoso
	No tienen dinero
	Tienen antecedentes de estar cambiando de consultores
Proveedores	Llaman muy pocas veces
	No son fiables
	No hacen presupuestos ni programación
	Cambian constantemente del personal
	Pierden el contacto con el cliente
	Les dan prioridad a sus necesidades por encima de las de sus clientes
	Bajo performance: "¿Cómo estás hoy?" O "Correo de voz interminable"
	Sin compromiso
	Hablan y alardean demasiado
	No dan soluciones ni respuestas
	No cumplen con las expectativas
	No ejecutan
	Prometen demasiado
	Tienen mala comunicación

Estrategia 35

Optimizar los resultados de las redes de contactos (y de cada nuevo encuentro)

Existe un tema con el cual he tenido algunas dificultades con el paso de los años y está relacionado con la creación de las redes de contactos. Me ha costado trabajo porque, cada vez que asisto a una reunión de *networking*, suelo salir frustrada. Sin lugar a dudas, uno o varios participantes me habrían tomado como su rehén con tal de conseguir *arrojar sobre mí* la mayor cantidad de sus datos posible. Todos deambulan de un lado para otro de la reunión contando lo bien que les está yendo en sus negocios y de lo exitosos que se han vuelto, independientemente de que tengan o no dinero para pagar siquiera su estacionamiento mensual.

Las siguientes son algunas pautas valiosas sobre lo que deberías hacer y no hacer durante una reunión de redes de contactos de modo que hagas verdaderas conexiones con quienes conozcas sin que te conviertas en uno de esos "contactos superficiales".

La primera impresión

Ya habrás escuchado la expresión: *"Tienes solo diez segundos para causar una primera gran impresión"*. Aunque los diez primeros segundos sí son cruciales, la otra parte del adagio no es del todo cierta ya que es muy frecuente que, cuando la gente se conoce, casi nadie recuerda el nombre de la persona que le acaban de presentar porque cada quien está demasiado ocupado pensando en sí mismo. Los primeros diez segundos son de vital importancia debido a que estás buscando cómo conectarte. La forma en que te enfocas en tu nuevo contacto —por ejemplo, mostrándole tu atención e interés y haciéndole preguntas—

te ayuda a causar o no una opinión positiva en la otra persona y viceversa. Incluso si al comienzo te centras demasiado en ti mismo y divagas un poco, aprovecha la oportunidad para utilizar esos diez segundos diciendo: "Pero ya no hablemos de mí; ¡Cuéntame de ti!"

La mayoría de la gente, cuando se encuentra en un entorno apto para conocer a muchas personas, no está pensando en quiénes serán los demás, sino en sí misma. Al asistir a las reuniones de redes de contactos, casi todo el mundo quiere hablar de sí mismo; es por eso que están allí. Sin embargo, yo suelo hacer lo contrario: no hablo de mí misma. En lugar de ello, les hago preguntas a quienes decida acercarme para irlos conociendo.

Para lograr una gran conexión en diez segundos, céntrate en la persona que tienes frente a ti. Si solo hay tiempo para que uno de ustedes hable, deja que sea la otra persona.

Esta técnica te permite utilizar la reunión para tu propio beneficio porque los asistentes dan a conocer quiénes son y no son con bastante rapidez. Por lo general, basta con una sola pregunta básica, como por ejemplo: "¿Cuál es el mayor reto de la industria que estás enfrentando en la actualidad?" Tu interlocutor responderá tu pregunta; luego, haz que su respuesta sea la semilla para hacerle tu siguiente pregunta. Algunas otras preguntas para hacer durante una reunión de *networking* son: "Cuéntame qué te motiva a asistir a estas reuniones", "Me gustaría saber sobre tu negocio". Pero la pregunta que hago cuando realmente estoy interesada en conocer a alguien es: "Me encantaría que me contaras todo sobre ti sin omitir detalles" y me la reservo para alguien que me dé la impresión de ser muy, muy interesante, alguien de quien me gustaría aprender más, bien sea que se trate de la posibilidad de hacer negocios entre nosotros o no. Ten siempre una lista de buenas preguntas y utiliza las respuestas que recibas como semillas para hacer tu siguiente pregunta. Haz este procedimiento unas tres veces y sabrás si ese contacto es o no un prospecto que te interesa de verdad.

Otra cosa que podría ocurrir es que, cuando uno sostiene una conversación centrada únicamente en en el interlocutor, siempre existe el riesgo de que él o ella tiendan a la exageración. No hay ninguna razón para que tengas que permanecer en una conversación narcisista y en una sola vía; sin embargo, esto es lo que ocurre en demasiadas reuniones de *networking*. Lo que sí es eficaz es que prepares unas cuatro o cinco preguntas para que se las hagas a varias personas y así pasar más tiempo con aquellas que despierten tu interés. A lo mejor suene muy calculado, pero, después de todo, la idea de las reuniones de redes de contactos es conocer gente con la cual hacer negocios.

Si uno de tus nuevos contactos habla y habla y parece no tener intenciones de callarse nunca, busca la manera de finalizar la conversación con mucho tacto, sin ofenderlo. Es cuestión de que resumas y te despidas. Dices, por ejemplo: "Lo que te he oído decir es que, aunque el mercado está en crisis en este momento, te está yendo bien porque estás trabajando con tres clientes en grandes proyectos que te sostendrán durante tres años más. ¡Qué bueno! Ha sido un placer conocerte. Por ahora, me despido". ¡A nadie le beneficia convertirse en el rehén de un fanfarrón!

Otro truco que uso en estas reuniones es poco ortodoxo, pero muy eficaz: dejar mis tarjetas de presentación en mi oficina. Pensarás que no tiene sentido ir a una sesión de redes de contactos sin una tarjeta de negocios, pero en realidad es todo lo contrario. Lo que hago es decir: "No tengo mis tarjetas de presentación", y sí, recibo algunos comentarios poco amables al respecto de eso, pero ¿y qué? Luego agrego: "Pero dame tu tarjeta y me aseguraré de contactarme contigo mañana". ¡Y lo hago! Con frecuencia le pregunto a la gente: "¿Cuántas tarjetas de negocios recopilaste, pero nunca les has hecho seguimiento a esos contactos?" Muchos me dicen que, efectivamente, muy pocas veces los contactan y que tampoco reciben llamadas de la gente a la que le dieron sus tarjetas.

Lo que te ayudaría a participar de manera más efectiva en conversaciones productivas sería tener preparada una declaración que describa el *valor* del servicio que les prestas a tus clientes, ¡ojalá de no más de diez palabras! He aquí un ejemplo de la que yo uso: *Asesoro a mis clientes a incrementar su nivel de ingresos*. Esta declaración casi siempre genera la pregunta: *¿Qué sistema empleas para lograrlo?* En este punto, la mayoría de los vendedores se desborda dando explicaciones, pero no es sabio hacerlo. Lo mejor es que, antes de brindar más información, sigas dándole la palabra a tu interlocutor. Contéstale su pregunta haciéndole tú esta: "¿Qué sistema tiene tu empresa para incrementar sus ingresos?" Así cambias el enfoque de la conversación y eres tú quien te conviertes en el aprendiz. Si no haces otra cosa que hablar sin parar, no tendrás ninguna información acerca del nuevo contacto. En cambio, si te centras más en hacer preguntas que en hablar, ¡te destacarás de entre la multitud! Prepara tu propuesta de valor y haz preguntas, ¡y tu asistencia a las reuniones para establecer más contactos será más provechosa!

Estrategia 36

Enviar mensajes de correo electrónico que inspiren a sus destinatarios a responderte

El correo electrónico más emocionante que puedes abrir es el que te pregunta: *¿Cuándo empezamos este proyecto?* Lamentablemente, la mayoría de los vendedores se pierde de muchas oportunidades de negocios por no usar el correo electrónico como una herramienta de ventas y no solo como un medio de comunicación.

Me emociona este tema específico relacionado con las ventas porque todos enviamos y recibimos bastantes correos electrónicos y podríamos utilizarlos a nuestro favor en diversas situaciones y siguiendo algunas sencillas reglas. Y una de esas ocasiones es cuando los utilizamos como un medio para presentar una propuesta.

Conversaba con un prospecto sobre una propuesta que le hice cuando, de repente, él me dijo: "Todo esto está muy bien, Alice. Podrías enviarme tu propuesta a mi correo electrónico? Tienes mi dirección, ¿verdad?" Le respondí: "Sí, tengo tu correo electrónico, pero la cuestión es que yo procedo de otra manera. Si te parece bien, me gustaría enviártela para cuando tengamos programada nuestra siguiente teleconferencia; de esa manera, entre juntos podríamos discutirla y analizar sus méritos junto con lo que no se haya tenido en cuenta y así sabremos si hay o no necesidad de modificarla. En otras palabras, *sería mejor que la consideráramos un primer borrador durante nuestra primera conversación*". Él estuvo de acuerdo conmigo en seguir ese proceso. Si el prospecto no quiere tomar el tiempo para repasar la propuesta de esta manera, esa es una clara indicación de que tiene un capital de inversión limitado.

La razón por la que lo hago así es porque la mayoría de los vendedores responde a las *propuestas de castigo*, —que son las propuestas que no tienen ningún valor para el cliente, excepto el de mantener al vendedor ocupado. Si no logras convencer a tu prospecto de hacer una cita en persona para presentarle tu propuesta, y él te propone que se la envíes por correo electrónico sin que tú tengas ni idea a dónde terminará, no hay razón para esperar que sea bien recibida y estarás accediendo a enviársela sin saber si tendrás la oportunidad de que él te dé sus opiniones o te exprese sus inquietudes al respecto. ¿Quién sabe por qué más manos pasará tu propuesta a lo largo y ancho de esa empresa? Sin tener control sobre ella, tú no tendrás ni idea de quién o qué va a influir en la toma de decisiones y lo único que te quedará por hacer será esperar.

Enviar propuestas vía correo electrónico se ha vuelto fácil, y como resultado, la mayoría de las personas no es dueña de lo que pueda pasar con ellas. Sin embargo, esa es hoy la forma de comunicación más usual porque los riesgos son menores. Cuando hablamos con nuestros clientes o les presentamos una propuesta vía telefónica, por lo general, ellos nos hacen tres o cuatro objeciones pues lo más probable es que le encuentren deficiencias —lo cual les parece perjudicial a una gran cantidad de vendedores. A mí me encanta porque eso significa que voy a tener la oportunidad de optimizarla para darles a mis clientes lo que ellos realmente quieren y necesitan.

Por lo tanto, veamos cuatro tácticas clave para escribir correos electrónicos que no pasen desapercibidos y reciban respuesta.

1. **Escribir tu firma.** El impacto de tu correo electrónico se pierde cuando no escribes tu firma al final de cada mensaje. Esta firma debe contener tus datos: nombre, cargo, nombre de tu empresa, página web, correo electrónico y números telefónicos. Sin una firma de correo electrónico eficaz tus clientes tendrán que buscar continuamente tu información. Te haces a ti mismo y les haces a tus clientes un favor al añadir tu firma en la parte inferior de todos tus correos. Esa firma también debe incluir el eslogan que describe tu *misión empresarial*. Mi eslogan dice: "Trabajo con líderes interesados en crecer e incrementar sus ingresos".

2. **Utilizar la línea de asunto**. Si vas a estar enviando varios mensajes de correo electrónico, asegúrate de escribir el asunto a tratar en la línea destinada para ese propósito. Nadie quiere ver ir y venir correos electrónicos con la línea de asunto, *Re: Re: Re: Re: La Propuesta*. Una línea de asunto inteligente, sobre todo con una elipsis (punto-punto-punto) al final, generará interés en tu cliente y abrirá tu correo electrónico antes que otros. En una ocasión cometí un error con una clienta enviándole la fecha equivocada de mi disponibilidad para trabajar con su equipo. Ante mi error, decidí enviarle otro correo en cuya línea de asunto escribí: *¿Es usted una persona que perdona? Porque...* Le llamó tanto la atención, que me lo respondió de inmediato...¡y al parecer ella perdona porque todavía estamos trabajando juntas!

3. **Conectar.** Existe un viejo dicho entre quienes tienen grandes habilidades técnológicas: *"Primero, la conexión; luego, la información"*. Los grandes conversadores saben conectar con el público antes de empezar con la información.

   El nombre de una persona es música para sus oídos. Cuando comienzas tu correo electrónico con un saludo como: "Hola, Marcie. Espero que te encuentres bien", estás estableciendo una conexión antes de referirte a lo que tengas que informar. Por el contrario, si envías tu mensaje diciendo: *"Aquí va el informe de acuerdo con lo solicitado. Por favor, póngase en contacto conmigo lo más pronto posible. Acordamos con anterioridad que hablaríamos de nuevo en tres días. Si se presenta algún cambio, espero nueva información"*, lo que estás manifestando es que existe un alto grado de desconexión entre tú y tu cliente y que estás practicando un modo de comunicación que denota *mando y control.*

4. **Saber usar la función Cc.** Cada vez que envíes un correo electrónico, asegúrate de saber con exactitud quién necesita recibir una copia; por lo tanto, cuando recibas un mensaje de un grupo de personas, no hagas clic en *responder a todos* a menos que sea de vital importancia que todos sean incluidos.

Muchos vendedores cometen el error de enviarles mensajes a sus clientes con copias a todos los involucrados. Normalmente, este suele ser un movimiento ¡no acertado! Piensa que al hacerlo tu correo se convierte en una molestia dado que, si se lo envías a diez personas, nueve de las cuales no son el destinatario principal de la cuenta, demasiadas personas estarán perdiendo el tiempo de forma colectiva. Diez personas lo abrirán y pasarán por lo menos un minuto revisándolo. Ahora, tú podrías pensar: *"Bueno, ¿qué es un minuto para cada persona?"* No es *nada*, pero se convierte en *bastante tiempo perdido* si durante el día estas diez personas abren otros cincuenta correos que no iban dirigidos a ellas. Un minuto podría convertirse en muchos y, en algunos casos, hasta en cientos de minutos. ¡La gente no quiere perder su tiempo!

Todos sabemos que es más fácil, más rápido y más rentable seguir haciendo negocios con los clientes ya existentes. Por lo tanto, es necesario destacarnos entre la multitud de competidores. Mejorar tu protocolo profesional para comunicarte por correo electrónico con tus clientes y posibles clientes te ayudará a hacer precisamente eso: ¡destacarte!

Procesos de venta que funcionan

Estrategia 37

Tener en cuenta los cuatro componentes de la etapa de desarrollo del negocio

Muchos clientes me hacen esta pregunta: ¿qué es la etapa de desarrollo del negocio y qué abarca?

El desarrollo de un negocio abarca tres actividades concretas: la primera es la venta, la segunda es el mercadeo y la tercera es el servicio al cliente e incluye seguimiento. Cada uno de estos componentes van de la mano, pero a menudo hay confusión en torno a la diferencia que existe entre ventas y marketing o mercadeo. Entonces, ¿cómo saber cuándo estás haciendo mercadeo con un cliente y cuándo le estás vendiendo?

Piensa en esto: cuando invitas a tu cliente a almorzar, a jugar golf o a algún evento deportivo y conversan sobre el clima, el esquí o eventos que están ocurriendo en el área, estás haciendo mercadeo.

Ahora imagínate que estás en ese mismo evento con tu cliente y empiezas a hacerle preguntas sobre los proyectos que él planea desarrollar el próximo año y luego le pides la oportunidad de ayudarle con dichos proyectos. ¡Eso es vender!

La diferencia entre las ventas y el marketing es la capacidad que tengas para involucrarte en futuras oportunidades de hacer negocios con tus clientes. Esta capacidad también demuestra tu disposición para prestarles servicio y hacerles seguimiento.

Con frecuencia utilizo el esquema de los *fogones de estufa* con el fin de descubrir los proyectos más urgentes de mis clientes y siempre me funciona de maravilla. Imagínate que tienes una estufa de cuatro fogones. Dos son pequeños y dos son bastante grandes. Los fogones de atrás representan los proyectos que son importantes, pero no urgentes. Los delanteros representan los proyectos importantes y a la vez urgentes. Con esta imagen en mente, tú empiezas a hacerles preguntas a tus clientes de tal manera que te permitan una mayor comprensión de sus necesidades más urgentes:

John, cuéntame lo que está pasando en tu división en este momento. ¿Cuántos proyectos tienen paralizados y en un segundo plano? ¿Qué hizo que se estancaran? ¿Cuáles son las consecuencias de que estén estancados? ¿Qué haría que pasaran rápidamente del fogón de atrás al de adelante? ¿Cómo puedo ayudarte para que eso suceda?

Otra conversación podría ser en relación con los proyectos que se han salido de control; aquellos con los que tus clientes necesitan ayuda. Por ejemplo, podrías preguntarles acerca de los proyectos que *eran* importantes y urgentes, pero que ahora están tan retrasados que van rumbo a pasar a un segundo plano. Acto seguido, tú ofreces tu ayuda para que ellos logren resolverlos.

Ahora, esto es solo el primer escalón de una pregunta de ventas: la perspectiva empresarial. En realidad existen tres niveles de preocupaciones: las preocupaciones corporativas; cómo estas afectan a la empresa como un todo y cómo afectan a tu cliente —quien es el encargado de la toma de decisiones en el proyecto.

Cuando eres capaz de hacer estas tres preguntas, estás ocupándote de los asuntos de la venta. Necesitas hacerles a tus clientes preguntas pertinentes (y a veces difíciles) con el fin de que te perciban como un profesional creíble y para ayudarles a avanzar en sus negocios y aliviarles la carga que generan los malos proyectos. Pero, si nunca presentas tus servicios o productos, ni solicitas más negocios, ni averiguas cuáles podrían ser las implicaciones de un proyecto detenido, simplemente estás haciendo mercadeo. Cuando no haces preguntas, no solo le estás fallando al cliente, sino también te estás fallando a ti mismo y le estás fallando a tu empresa. Nuestros clientes saben que nosotros trabajamos en el campo de las ventas. Por lo tanto, cuando nos presentamos y solo hacemos relaciones, sin procurar hacer el negocio, no estamos haciendo nuestro trabajo.

Asegúrate de que, cuando estés trabajando con tus clientes, les hagas preguntas que les ayudarán a comprender los tres niveles inherentes a cada problema. Ayúdales a entender las cuestiones importantes *y* urgentes. Esas son las dos áreas principales de preocupación para cada cliente.

Estrategia 38

Identificar las cuatro áreas de desempeño de un negocio –¡Donde yacen todas las necesidades corporativas!

Cuando se trata de negocios, existen cuatro áreas de desempeño que son la clave en el éxito de toda empresa. Estas son: la línea superior, el capital humano, el producto y el resultado final. El éxito de un área influye directamente sobre las otras tres. Sin un conocimiento sólido de los aspectos de cada área, no importa lo que estés ofreciendo, bien sean servicios, una capacitación de ventas o servicios de limpieza, el hecho es que no lograrás crear una base de clientes tan amplia como para lograr que tu empresa alcance un nivel de sostenimiento y además el éxito.

La primera área de desempeño se conoce como la *línea superior*. Cuando los vicepresidentes de finanzas le presentan sus informes financieros al gobierno, en la primera línea del informe aparece el dato actualizado del valor total de sus ingresos; de allí proviene el témino *línea superior*.

Solo hay tres maneras de hacer ventas y generar ingresos. Una es obteniendo nuevos negocios de nuevos clientes; a esta forma de ingresos la llamo *ventas a extraños;* la segunda es haciendo más negocios con tus clientes actuales y esas son las *ventas a los clientes*; la tercera consiste en recuperar a tus antiguos clientes y es sorprendentemente más fácil de lo que piensas; son *ventas a los desertores* (o como un cliente mío acostumbra a decir: *¡vender al desertor!*) Como ellos no estaban satisfechos con el servicio que les prestabas, lo más probable es que su proveedor actual tampoco les esté proporcionando todo el servicio o productos tal como a ellos les gustaría. Solicítales una cita a cada uno de tus desertores con el fin de que te cuenten cuál fue la razón por la que dejaron de ser tus clientes. Si logras resolver los inconvenientes que ellos te manifiesten, tendrás una buena oportunidad para lograr que vuelvan a ser tus clientes.

La segunda área de desempeño de tu empresa es tu capital humano; *tus empleados*. Esta área es un factor clave para venderles a los clientes existentes. Los empleados que trabajan en tu departamento de servicio al cliente estarán en la capacidad de mantenerse en contacto con los clientes existentes mientras tú estás ocupado al acecho de nuevas fuentes de negocio. Los dos aspectos fundamentales con los empleados son sus habilidades y su ética. Estaba hablando con un cliente potencial esta mañana y me dijo: "Alice, yo contrato actitud y entreno habilidades". Hay mucho que decir acerca de eso, pero si un empleado no se interesa en desarrollar sus habilidades, ni siquiera la mejor actitud del mundo servirá de ayuda. Un empleado debe tener tanto una actitud de discernimiento como las habilidades adecuadas si quiere operar y tener éxito en cualquier empresa.

Por su parte, en el área de la *producción*, el vicepresidente de producción se enfoca más que nada en calidad y eficiencia. Si logra calidad óptima, pero bajo nivel de eficiencia, no cumplirá los objetivos de producción. Si la empresa es eficiente y logra hacer el trabajo en un tiempo récord, pero con una gran cantidad de errores, sus clientes no estarán satisfechos y él tendrá que elevar su nivel de calidad. Hace poco subcontraté a un trabajador que resultó con muy buen nivel de calidad, pero aun así no compensaba su ineficiencia y esto hizo que me desencantara casi de inmediato. Equilibrio entre rendimiento y calidad debe ser la norma en esta área.

La cuarta área tiene un gran nivel de importancia y es *el resultado final*. En otras palabras, la cantidad de dinero que queda para reinvertir y pagarles a los accionistas. Del resultado final depende en gran medida el éxito de las otras tres áreas.

Muchas veces les pregunto a mis clientes: "¿Qué crees que es el equivalente al latir del corazón de tu empresa?" La mayoría dice: "Lo esencial de mi empresa es la gente", pero ese no es el caso. El latir del corazón de una empresa es la *línea superior*. Sin ventas, puede ser que tu gente sea la más maravillosa, que tenga muchas habilidades y el mejor ánimo, pero si el *resultado final* no es suficiente para sostener a todos y cada uno de tus empleados, tendrás que desistir de trabajar con ellos. Las personas son los miembros y órganos, pero *la línea superior* es el latido del corazón de la empresa. Sin una *línea superior* sana, la empresa terminará fracasando.

La calidad y la eficiencia son las cualidades con las cuales tu empresa puede obtener una ventaja competitiva, por ejemplo, haciendo entregas más rápidas, más fáciles y mejores a tus clientes. Cuando las tres primeras áreas de desempeño de un negocio —las ventas, la gente y la producción— estén en una simbiosis absoluta, entonces el negocio no dejará de tener un buen *resultado final*. Es deber de los equipos de ventas indagar con sus clientes y posibles clientes sobre estas cuatro áreas antes de comenzar a ofrecerles soluciones.

Estrategia 39

Definir la ventaja competitiva de la compañía

Con el fin de convertirte en el proveedor de tus prospectos es necesario que te distingas y sobresalgas por encima de tus competidores. Al hacerlo, tu *ventaja competitiva* se habrá destacado de las demás y conseguirás cerrar muchos negocios.

Para tener una idea clara de lo que significa vencer a tus rivales y transformar un prospecto en una venta voy a utilizar la analogía de un pretendiente medieval que se decide a atravesar una fosa muy ancha que rodea el castillo de su amada. Esta gran fosa hace que el castillo sea prácticamente impenetrable. Le están disparando cañonazos, el agua está llena de un combustible que está estallando en llamas y los defensores del castillo le disparan flechas envenenadas desde el techo. Aún así, no solo él, sino decenas de contrincantes también están tratando de llegar al otro lado para ganar el amor de la doncella, pero uno a uno van cayendo derrotados. Y, sin embargo, el recursivo candidato vence todas las barreras y consigue atravesar la fosa y llegar hasta castillo para pedir la mano de la doncella en matrimonio. Si hubiera sido fácil atravesar la fosa, o si no hubiera habido tantos ataques contra ellos, varios de los otros pretendientes podrían haberse ganado el premio, pero el pretendiente que tuvo éxito fue el mejor del grupo. Cuando el trabajo es fácil, ganar tiene poco mérito.

Convertirse en el proveedor de servicios elegido por una empresa es similar: tú y muchos de tus competidores luchan por obtener los negocios más rentables tratando cada uno de convertirse en *el exitoso vencedor que cruza la fosa*. En muchos casos, los grandes negocios, en especial los de las empresas públicas, prefieren a quien presente el presupuesto más bajo. Sin embargo, las consideraciones de muchas empresas públicas (y privadas) para adjudicar contratos siguen siendo en su mayoría las mismas:

1. Alcance: ¿Tu empresa cumple con el requisito, por ejemplo, construir una mina de potasio?

2. Seguridad: no es un buen augurio que ocurran lesiones o casos de muerte en un sitio de trabajo, así que ¿cuál es el historial de seguridad de tu empresa?

3. Calidad: ¿Qué hace que tus clientes crean que tienes algo valioso que ofrecerles?

4. Tiempo de entrega: ¿Podrías demostrar con estudios de casos y testimonios que tienes un excelente registro en cuanto a entregar los proyectos a tiempo?

5. El presupuesto: ¿Podrías demostrar que tienes un largo historial de ejecutar proyectos según el presupuesto acordado o por debajo de él?

Aunque la mayoría de los equipos de proyectos cumple las tres primeras consideraciones, a menudo no logra tener éxito con las dos últimas: completar el proyecto a tiempo y bajo el presupuesto acordado. Debido a que esto ocurre con mucha frecuencia, los clientes se han ido acostumbrando al hecho de que sus proveedores suelen fallar en esas dos áreas. Del mismo modo en que un solo competidor logró atravesar la fosa para escalar el castillo, un proveedor se destaca sobre los demás al cumplir con todos los cinco requisitos necesarios en la gestión de todo proyecto. Si tú logras probar tu capacidad para cumplir con éxito cada una de las consideraciones anteriores, cruzarás triunfante la fosa y superarás ampliamente a tus competidores. Cuando te destacas de los demás en tu campo y logras tener éxito en las cinco áreas de excelencia, les estás enviando un mensaje convincente al mercado, a tus clientes actuales y a los potenciales. Tu reputación te abrirá camino. Ya no tendrás que esquivar a las multitudes con el fin de escalar las paredes de éxito puesto que te desprenderás de la multitud con una ventaja competitiva persuasiva que dejará en alto tu reputación y tendrás éxito ¡incluso antes de empezar tu siguiente proyecto!

Estrategia 40

Conocer y seguir la ruta de tu propuesta

¿Por qué debes conocer y seguir la ruta de tu propuesta? Si no sabes qué rumbo tomará tu propuesta, incluso antes de escribirla, existen muchas posibilidades de que no tengas éxito en tu esfuerzo. Me explico: cuando las aves se dirigen hacia el Sur para resguardarse del invierno, la mayoría vuela en grupo. Durante la travesía, ellas tienen puntos de aterrizaje donde suelen suplirse de lo que necesitan para sobrevivir, como alimentos, refugio y agua, pero luego prosiguen su viaje. Es posible que hagan cinco o seis o diez paradas antes de llegar a su destino o a su casa de invierno.

La trayectoria de tu propuesta al interior de una gran empresa es muy similar. La propuesta abandona tu computador cuando se la envías a alguien y ese alguien se lo envía a otra persona y así sucesivamente. Por lo tanto, es tu responsabilidad conocer tres asuntos primordiales acerca de cada persona a la que se la estarán enviando. Tu propuesta será remitida a alguien en otro departamento, digamos que al vicepresidente de producción. ¿Cuáles son los aspectos clave que el vicepresidente de producción va a buscar cuando lea tu propuesta? Después de eso, podría ir a un comité. ¿Quién en ese comité tomará la decisión y dirá: "*Sí, hay que seguir adelante*"? ¿Y quién dirá: "*Todavía no*"?

Una pregunta que necesitas hacerle a tu prospecto es la siguiente: *cuando alguien le presenta una gran propuesta a esta empresa, ¿quién es el dueño del balón?* Cuando tienes la respuesta a esta pregunta, ya sabes quién es tu partidario. Así mismo, también es importante preguntarle: "*Cuando surge una gran idea en esta empresa, ¿quién suele hacerle frente y luchar contra ella para impedir que avance?"* Ahora ya sabes quién será el bloqueador (la persona que no está de acuerdo contigo o con tu solución) en este proyecto.

Es de vital importancia conocer a cada personaje que interviene parada tras parada a lo largo del camino, pero mucha gente en el campo de las ventas no hace estas preguntas tan necesarias. Muchos vendedores simplemente están agradecidos por la oportunidad de ser llamados a la mesa porque piensan que una propuesta con bajas posibilidades (una con una pequeña posibilidad de conseguir un trato) es mejor a sus ojos que ninguna propuesta en absoluto.

En muchos casos, dependiendo de la importancia estratégica de la solución, la persona a quien el vendedor le presenta la propuesta no es la misma que firma el contrato. Sin embargo, el vendedor puede caer en el error de creer que su contacto es el encargado de tomar las decisiones.

Ahora, ¿qué se requiere para que la persona al mando firme? Hace poco estaba trabajando con una empresa química y uno de los vendedores estaba convencido de que él tenía un 70% de posibilidades de cerrar un acuerdo de $1 millón de dólares. Le pregunté quién era su contacto y me contestó que era el gerente de la planta. Le pregunté si era factible que el CEO responsable de una compañía de $100 millones de dólares dejara que el gerente de la planta firmara un contrato de $1 millón. Me dijo que no, que sin duda alguna el director general se involucraría en algún momento en la venta. A medida que hablaba, él mismo comprendía de inmediato por qué sus probabilidades de éxito con su propuesta era más del 20% que del 70%, según su predicción. Así fue como accedió a ir de nuevo al cliente y hacer contacto con varios de los otros actores clave de la empresa, además del director de la planta.

Este vendedor no había analizado adecuadamente la ruta que tomaría su propuesta. Él no había entendido a cabalidad quiénes eran los personajes involucrados, ni qué inconvenientes estaba afrontando su propuesta, ni lo que ellos querían y no querían. Un obstáculo que afecta a muchos vendedores es su compromiso con el pensamiento positivo según el cual no es conveniente pensar en *lo que podría salir mal.*

¿No es mucho más eficaz que a medida que avanzas a través del elenco de personajes que interviene en la evaluación de tu propuesta descubras quién puede presentar resistencia a la elección de tu empresa que estar en negación con respecto al tema? ¿No deberías saber qué *podría* salir mal? Si sabes quienes son los principales actores y bajo qué parámetros toman las decisiones, estarás mucho mejor equipado para desarrollar una estrategia. Tú, tu jefe y tus compañeros de equipo pueden trabajar juntos en una sesión de rendición de cuentas para obtener una comprensión más amplia de cómo acercarse a esa compañía en particular para lograr el mayor éxito posible.

Cuando conoces el reparto de los personajes que intervienen en el proceso de la toma de decisiones, así como las preocupaciones y necesidades únicas de cada uno de ellos, tus probabilidades de conseguir una decisión favorable se disparan. Al escribir tu propuesta teniendo en cuenta todos estos interrogantes, tú y tu empresa se destacarán entre la multitud de proveedores que están detrás del mismo cliente. Habrás ganado credibilidad y respeto y serás percibido como un proveedor digno de confianza. Y, de diez probabilidades, ¡tendrás nueve a tu favor para cerrar el trato!

Estrategia 41

Practicar la paranoia ¡en lo referente a tu propuesta!

Hace poco estaba hablando con Sean, uno de mis clientes. Él es ingeniero y nos estábamos refiriendo a una propuesta que él preparó para conseguir unos contratos. Sean mencionó que una prestigiosa empresa era su competencia, pero que aun así él estaba seguro de haber presentado la propuesta ganadora, sobre todo porque su prospecto estaba listo para un cambio debido a algunas fallas en los servicios de su proveedor actual. Entonces me alarmé y lo animé a comenzar a practicar de inmediato la paranoia con respecto a su propuesta. Él no sabía de qué se trata este concepto y se sintió confudido ya que es contrario a la mentalidad norteamericana de conservar siempre una actitud positiva frente a las ventas. Yo se lo expliqué de esta manera:

"Si tus posibilidades de conseguir ese acuerdo son tan buenas como piensas que son, entonces ¡felicitaciones! ¡Bien por ti! Piensa en esto: si tienes razón, entonces ya tienes el sí, así que, si te aseguras de explorar qué posibles problemas y circunstancias adversas podrían surgir entre tú y el acuerdo, ese resultado positivo del cual estás tan seguro no variará ya que estás tan seguro de que la respuesta es un sí. Sin embargo, nunca sabes si de pronto haya problemas acechando en el fondo de la situación que podrían destruir tus posibilidades de ganarle a la competencia. ¿Qué pasa si tu prospecto está pensando en utilizar algunos de tus servicios menores y a la vez utilizar una compañía de computación más grande que la tuya para servicios más importantes? ¿Cómo sabes cuáles son sus planes? Si tu cliente estuviera 100% decidido a contratar tu empresa, ¡descartaría las otras propuestas y te lo informaría de inmediato!"

Él admitió sentirse nervioso y asustado de solo pensar que hubiera asuntos desconocidos cocinándose a sus espaldas. Este es un buen ejemplo de por qué siempre debemos mantener un 60% de optimismo y un 40% de paranoia; yo sé que este concepto va totalmente en contra de lo que siempre nos han enseñado. Por desgracia la actitud de que *debo ser un pensador positivo a toda costa* se extiende también a los gerentes de ventas. Un vendedor podría ir a su gerente de ventas y decirle: "¡Jefe, creo que voy a perder este negocio!" Si es un líder adicto a la noción del pensamiento positivo, no será capaz de ayudarle a su vendedor a hacer una lluvia de ideas sobre los posibles peligros de perder la venta ni a desarrollar un plan estratégico, sino que estará inclinado a decirle: "Si crees que vas a perder, ¡entonces ya perdiste!" ¡Es una locura pensar así! Esa idea se basa en una premisa falsa. Después de décadas de escuchar a los oradores de motivación y leer libros de ventas, *puedo decirte* que esta idea se ha arraigado en toda la fuerza de ventas de Norteamérica, excepto en los *cazadores cierra-negocios* porque ellos danzan entre el optimismo y la paranoia con elegancia y facilidad. En lugar de centrarse únicamente en lo bueno, su vigilancia constante de cómo están evolucionando sus propuestas hace que ellos siempre estén al acecho de aquello que podría salir mal.

La verdad es que, con solo pensar en hacer algo *(atraerlo)*, no es suficiente para que obtengas los resultados que produce la acción, —incluso la acción imperfecta— ni te llevará a ninguna parte. Si existe una posibilidad de un *sí* o un *no*, entonces los vendedores que están considerando muy real cualquiera de esas dos probabilidades deberían estar enfocados en hacer un mejor trabajo y aumentarlas para que la respuesta sea solo el *sí*. De lo contrario, si están en negación acerca de la situación real, no podrán hacer nada con respecto a las dificultades que tengan en frente; en cambio, la aceptación de ambas posibilidades les permitirá mantener una mente abierta, lo cual significa que estarán en capacidad de seguir avanzando.

Le sugerí a Sean que leyera el libro *Six Thinking Hats*, de Edward de Bono. Allí él manifiesta el valor de que en cada reunión exista por lo menos una persona que desempeñe el papel de pensador negativo con el fin de que el análisis de cualquier perspectiva sea más equilibrado. Esta persona se pondría simbólicamente un sombrero negro y los demás asistentes analizarían tal pesimismo con honestidad. El valor de considerar lo que podría ir mal es que sirve para evitar posibles problemas antes de que ocurran.

Al principio Sean no estaba tan convencido con la idea porque estaba seguro de que no disfrutaría del hecho de sentirse negativo. Pero aceptó que su felicidad ante el hecho de ganarse un proyecto de $1.5 millones de dólares sería más que recompensada por una hora o dos a la semana que invirtiera analizando posibles dificultades futuras ¡y luego encontrando una forma de evitarlas! Cuando le pregunté si él estaría feliz si su necesidad de sentirse cómodo y optimista le hiciera perder el contrato, me respondió que no. En ese momento, Sean se dispuso a enfrentar su miedo y comenzamos una lluvia de ideas para prever todo lo que podría salir mal. Su ritmo cardíaco aumentó y se le hizo un nudo en la boca del estómago, pero siguió adelante. Empezamos a cuestionar una a una sus suposiciones y a enumerar qué condiciones podrían interponerse entre él y la propuesta. Nos preguntamos si había alguien en el equipo encargado de analizarla que tuviera un favorito oculto. ¿Con quién más estarían negociando?

¿Del presupuesto de quién va a salir el dinero para desarrollar tu proyecto? ¿Es esta persona quien asigna el presupuesto o es tan solo quien lo ejecuta? Por lo general, quienes lo ejecutan no son los mismos encargados de la toma de decisiones, aunque a menudo ellos mantienen una posición de influencia. Cuanto más explores acerca de estas cuestiones con tu prospecto, más te verá él como un asesor competente y digno de su negocio. También necesitas saber si existe o no alguien en el equipo que esté bloqueando la decisión. Recuerda, un *no* es una decisión tan válida como un *sí*. Si le preguntas a tu prospecto si hay varios funcionarios encargados de la toma de decisiones, y él te dice que sí, entonces puede que estés preparándote para el fracaso centrándote únicamente en tu contacto. Si él está facultado para decidir solamente cuando la respuesta es *no*, aun así todavía sigue estando encargado de la toma de decisiones, ¡incluso si no puede dar el *sí* definitivo! Fíjate siempre en todas estas cuestiones y tenlas en cuenta para descubrir la verdad de la situación. Si lo haces, ¡serás capaz de practicar la capacidad de prever las posibles dificultades siendo realista!

Si practicas la paranoia relacionada con tu propuesta a lo largo de todo el proceso en busca de aspectos que *pudieran salir mal*, y los solucionas, tus posibilidades de conseguir un *sí* aumentarán con cada paso que des a lo largo de ese camino paranoico. Mi sugerencia es la siguiente: sí, piensa de la manera más optimista que puedas, pero ¡por amor a Dios, también sé paranoico! ¡Lograrás buenos resultados!

Estrategia 42

Identificar quiénes son los cinco niveles de influencia encargados de la toma de decisiones

Los vendedores siempre deben asumir que, dentro de cualquier organización, suele haber cinco niveles de influencia encargados de tomar las decisiones: los trabajadores de primera línea, los mandos medios, los ejecutivos, quienes apoyan la desición y quienen la bloquean. Te mostraré cómo trabaja, por lo general, cada nivel de influencia.

Desde una perspectiva temporal, los trabajadores de primera línea (que son a menudo los usuarios de tu producto) tienen en cuenta que la línea de tiempo esté relacionada con el trabajo o proyecto en cuestión. Podría ser un proyecto tan a corto plazo como el final de la semana o tan a largo plazo como el final del trimestre, dependiendo del plan que tengan para el proyecto. De hecho, sus intereses incluso podrían estar enfocados en un tiempo tan corto como el día en curso. Su interés se centra en cómo cumplir con un pedido sin incurrir en horas extras. Los trabajadores de primera línea, por lo general, se preocupan por el precio. *¿Cómo justificaré ante mi jefe la cantidad de horas extras que fueron necesarias por cada unidad elaborada?* Ellos, simplemente, se preocupan por las cuestiones monetarias.

Los mandos medios suelen pensar en términos de trimestres. Debido a que ellos son evaluados según sea su actividad y sus resultados trimestrales, a menudo su jefe les hace una revisión trimestral que dé cuenta de su nivel de rendimiento. Por lo general, ellos son los encargados de ejecutar el presupuesto. Los mandos medios se encargan de cuestiones relacionadas con costos. *¿Cuánto dinero producirá mi eficiencia? ¿Cuánto costará la productividad de los altos directivos de la empresa o la reputación mundial de mi compañía?* Estos son temas que toman en consideración los mandos medios cuando van a tomar una decisión.

Cuando se trata de los ejecutivos, ellos se encargan de la perspectiva empresarial a largo plazo. Ellos quieren saber cómo tu producto o servicio va a afectar sus metas a cinco años. Su tiempo de planificación es de tres a cinco años o incluso más allá, aunque un plan estratégico de veinte años ya es escaso en estos días. Cuando se trata de la economía, quienes están en el nivel ejecutivo se preocupan menos por el tiempo y más por el valor. Algunos ejemplos de las preguntas que ellos plantean son: *¿Cómo puedo alcanzar mi meta de cinco años en tres? ¿De qué manera lo que usted está ofreciendo beneficiará a la totalidad de mi empresa? ¿Cómo puede su producto crear una reputación que nos catapulte hacia nuevos mercados en el exterior?*

El nivel ejecutivo también determina el presupuesto global para cada departamento. El presupuesto es asignado a la gestión de los mandos medios y luego los trabajadores de primera línea se encargan de administrarlo. Es importante tener en cuenta todo esto cuando vas a elaborar una propuesta para un cliente.

Así como es importante conocer el nivel de la toma de decisiones de tus clientes y posibles clientes dentro de su empresa, junto con la función que desempeña cada persona, debes estar siempre a la búsqueda de otras dos personas influyentes que son los *promotores* y los *bloqueadores*. Estas personas pueden influir mucho en el rumbo que tomará la decisión —en lo que respecta a la selección de tus productos o servicios. Los promotores son quienes influencian tu propuesta de manera positiva; ellos se encargan de llevarla a los distintos niveles de la organización y se convierten en un evangelista en tu favor. A veces, para disgusto de los vendedores, algunos funcionarios se camuflan como promotores de tu propuesta solo con el fin de obtener la información que necesitan para después convertirse en personas que afectan de manera negativa tu propuesta. Estos son llamados bloqueadores.

Cuando tengas una propuesta para presentar o estés haciendo una llamada de ventas, es importante averiguar qué persona se encarga de cada una de estas funciones. Si es posible, averigua cuál es la agenda específica de cada una. Parece mu fácil hacerlo, pero no lo es. Se requiere determinación y coraje para llegar a la cima y convertirse en uno de los vendedores de óptimo rendimiento. Descubre quiénes son los promotores y los bloqueadores; averigua quién está en cada nivel de influencia y el papel que desempeña en la aceptación de tu propuesta. Toda esta información a tu favor te ayudará a generar nuevas oportunidades ¡y a cerrar más ventas!

Estrategia 43

Buscar la combinación perfecta para ser un gerente de cuentas estratégicas que sabe cómo implementar tácticas

Alguien me dijo hace poco: "¿Sabes una cosa, Alice? El CEO de mi empresa dijo que el trabajo que tú estás haciendo ¡es sobre todo táctico!" A pesar de que yo estaba de acuerdo con esta persona, también fui rápida en señalarle que un gerente de cuentas estratégicas necesita tener un fuerte arsenal de habilidades tácticas que le sirvan para apoyar la ejecución de sus estrategias. Pocas personas entienden realmente la diferencia así que permíteme explicarla:

El paraguas que menciono más adelante representa el panorama completo de la situación. Eso es lo que hace un plan estratégico: observa todo el panorama para determinar el mercado en el que quieres enfocarte. Tú tendrás que determinar cómo vas a acercarte a ese mercado y descubrir quiénes estan involucrados en él.

Elige diez clientes estratégicos (aquellos que creas que podrás conseguir a largo plazo) que estén fuera de tu alcance este año. Todos los demás se convertirán en clientes por conseguir a corto plazo. Un cliente estratégico es el que tiene mucho que ofrecer ya que está muy bien posicionado en el mercado. La desventaja es que, por lo general, también es muy codiciado por todos tus competidores. Es mucho más difícil hacer tratos con este tipo de clientes ya que se requiere de sutileza y elegancia para lograrlos. Además, los vendedores que tratan con ellos necesitarán tener un conocimiento sólido del negocio. No es raro que los principales gestores de cuentas estratégicas que tienen títulos profesionales —e incluso una maestría— sean los encargados de conseguir estas grandes cuentas corporativas.

¿Por qué es importante conocer y ser ágil en la implementación de tácticas cuando eres un gerente de cuentas estratégicas? Porque, si tienes la responsabilidad, pero no las habilidades, es muy probable que termines convirtiéndote en un gerente de proyecto. Un gerente de proyecto es alguien con un alcance muy reducido que se encarga de lo que hay que hacer *en el momento* para realizar determinado proyecto, pero no sabe cómo proyectarse hacia todo lo que podría lograr a futuro. Por lo tanto, no se trata de conectarse con otros funcionarios influyentes en los distintos departamentos o divisiones de la compañía, sino que se centra en dirigir las tareas que hacen que el proyecto avance hasta su culminación.

Digamos que trabajas con una empresa de ingeniería que está implementando proyectos en temas de aguas residuales en cierto municipio. Lo que hará un gerente de cuentas estratégicas que no tenga habilidades tácticas será centrarse exclusivamente en su área específica de especialización. Por el contrario, un gerente de cuentas estratégicas con fuertes habilidades tácticas encontrará maneras de conectarse con otros líderes de la división dentro de ese municipio y en el proceso procurará abrirse camino y descubrir otras oportunidades a la vez que se encarga de su cliente actual.

Una conversación típica de un gerente de cuentas estratégicas incluiría preguntarle a su cliente de qué manera el trabajo actual tendrá impacto sobre el resto de la empresa. Un gerente ágil querrá saber quiénes son los encargados de tomar las decisiones y cuáles son las personas influyentes que se encuentran en las distintas divisiones empresariales. El gerente de *cuentas estratégicas* que emplea *sus tácticas* será imparable en la consecución de otras oportunidades. Ellos son los que llevan el paraguas, por así decirlo; los que saben cómo marcar una gran diferencia a favor de su equipo.

Por lo general, un vendedor que regularmente se abre nuevas cuentas es reconocido como un *atraedor de lluvia*. Este término se refiere claramente al fenómeno físico de la precipitación. Los rayos invisibles del sol atraen agua hacia el cielo y forman nubes. Cuando las nubes se saturan de agua, se desbordan y llueve. Y como dice la expresión: *"Cuando llueve, llueve a cántaros"*. Un vendedor de óptimo desempeño, un *atraedor de lluvia*, actúa como el sol. Él siempre busca nuevos negocios y por lo tanto siempre está *atrayendo* clientes de alto valor.

Como ya he mencionado antes, trabajo con una gran cantidad de ingenieros y técnicos expertos y he observado que, *cada vez que ellos reciben negocios de sus contactos existentes*, se consideran a sí mismos como profesionales exitosos y hábiles para generar negocios. Este no es necesariamente el caso. Podría ser que la empresa que representa determinado ingeniero tenga una reputación en esa área, y que él simplemente esté disfrutando del éxito de proyectos anteriores. En muchos casos, los clientes siguen trabajando con la empresa incluso mucho tiempo después de que el director del proyecto se ha ido. Por lo tanto, la conexión del cliente es realmente con la empresa y no necesariamente con el director del proyecto. Si el ingeniero que trabaja en un proyecto no procura ganar sus propios méritos en otras divisiones de esa empresa, con el tiempo otro ingeniero o experto técnico de la competencia podría acercarse a ofrecer sus servicios y productos y esta nueva conexión remplazaría al gerente del proyecto anterior.

Por tal razón, para estar seguro de permanecer vigente en determinada municipalidad o empresa de renombre es crucial que busques oportunidades en otros departamentos o divisiones dentro de esa misma empresa. Esto significa poner en riesgo tu zona de confort y tener el valor de descubrir nuevas oportunidades con esa misma cuenta. Y, por supuesto, esto también incluye hacer llamadas telefónicas con el fin de establecer citas. Se necesita valor para hacer una llamada, incluso siendo un proveedor ya conocido. Como he dicho antes, cualquier llamada que requiere de coraje para hacerla es una llamada en frío.

Estas son solo algunas de las diferencias entre un enfoque táctico y un enfoque estratégico en el proceso de atención a un cliente. Con el fin de ser un buen gerente estratégico, también debes saber cómo emplear tus tácticas para obtener más negocios de tus clientes actuales. Un plan estratégico de ventas sin la capacidad de ejecutarlo significará otro folder vacío acumulando polvo en tu archivador como un triste recordatorio de lo que pudo haber sido y no fue.

Estrategia 44

Verificar si tus prospectos son tan buenos como tú crees ¿Son A, B o C?

Existen muchos tipos de representantes de ventas. Hace poco presenté un discurso frente a un grupo de científicos involucrados en el mundo del mercadeo y las ventas. Al igual que muchas otras personas involucradas en este campo, estos científicos creían que lo más importante era establecer una relación con sus clientes potenciales. No solo los científicos están bajo este concepto erróneo; es la población de ventas en general. El hecho es que, lo que los clientes están buscando no es una relación, sino percibirte como un profesional creíble, respetuoso y digno de confianza. Cuando tú les demuestres tener estas cualidades, entonces (tal vez) ellos quieran relacionarse contigo y entablar una conversación. Tengo algunos clientes con los que casi nunca hablo de nada personal; solo hablamos de negocios.

Quienes se encargan de la toma de decisiones empresariales no salen de su cama en la mañana, ponen sus pies en el suelo y piensan para sí mismos: *"Me gustaría que hoy me llamara un vendedor porque me siento solitario; necesito un amigo o dos"*. Te resulta más provechoso que, al encontrarte con tu cliente, vayas preparado con una lista de preguntas de calidad que tal vez te abran la oportunidad de lograr una buena relación. Esto te permite entender qué preocupaciones está manejando tu cliente en lugar de *aparecerte y vomitar* hasta lo que no tengas en un esfuerzo para construir una buena relación. Si formulas preguntas de calidad, le ayudarás a tu cliente a que él mismo entienda su situación mejor que nunca. De esa manera serás visto en un solo instante como un profesional creíble.

Un prospecto Tipo A es alguien tan impresionado por tus preguntas de calidad y conocimiento que quiere hacer negocios contigo, se vuelve tu defensor y te ayuda a vender tus propuestas. Lo que esto significa es que él o ella no te harán perder el tiempo haciéndote prepararles *propuestas de castigo*. Los prospectos B y C son aquellos que solo están interesados en conocer tus precios y, una vez los tengan, nunca te devolverán tus llamadas.

Por el contrario, tanto tus prospectos C como tus clientes C te dejarán prepararles una *propuesta de castigo* solo para poder compararla con la de su proveedor actual, quien suele ser un proveedor Tipo A con ellos. Cuando tú los llamas para hacerle seguimiento a tu propuesta, te dicen: "Oh, te habríamos elegido, pero encontré un proveedor con un precio más bajo". ¡No te hará ningún bien volverlos a llamar una y otra vez!

Los prospectos Tipo A no están interesados en solicitarte *propuestas de castigo*. Y, si están en una reunión con un vendedor C, simplemente terminan la reunión y le muestran la puerta de salida con un gesto educado y amable a lo largo del camino. Si tú eres un proveedor A, ellos verán tu propuesta como un primer borrador. Lo que esto significa es que, después de que se la presentes, ellos mismos te proporcionarán ideas sobre cómo mejorarla y aumentar tus posibilidades de que sea aceptada. Cuando sea apropiado, incluso te ayudarán a venderla internamente para que luego sí puedas presentarla como una propuesta final. Este es el nivel de colaboración que un prospecto A le proporciona a un vendedor de nivel A.

Otro aspecto de un prospecto A es que él se comunica directamente contigo. Te contesta tus correos electrónicos y llamadas telefónicas dentro de un límite de tiempo razonable. Además, hace lo que esté de su parte para que puedas hablar con otras personas dentro de la organización que podrían influir en el resultado de tu propuesta.

Cuando un prospecto C pide una propuesta no da a conocer sus posibles intereses ocultos y es responsabilidad del vendedor ser menos optimista (más paranoico) y establecer bajo qué condiciones prepararía su propuesta. El prospecto C no se comunica con frecuencia y es obvio que no tienen acceso a otros funcionarios encargados de la toma de decisiones. Muchos vendedores pasan demasiado tiempo con prospectos C tratando de establecer buenas relaciones. Los invitan a cenar, a juegos de hockey, a jugar al golf. Los prospectos C son a menudo lo suficientemente sagaces como para mantener a varios vendedores compitiendo por el mismo acuerdo haciéndoles creer a todos que cada uno es el mejor candidato con quien hacer el negocio. Incluso si un vendedor de confianza intenta confirmar el nivel de interés de la empresa, el prospecto C le dirá "Sí, por supuesto" a todas las preguntas de verificación. El vendedor se asegura de que su propuesta se vea bien, de que el tiempo esté de su lado y de que, si todo va bien, el proveedor actual será expulsado. Al mismo tiempo, sus competidores también están tratando de venderle a este mismo prospecto C convencidos de que son *ellos* quienes tienen la mejor relación y posibilidades de hacer negocios con el cliente. El prospecto C suele ser inteligente, astuto y poderoso porque organiza y posiciona a sus proveedores de tal manera que ellos crean que todos son el proveedor elegido.

El prospecto C se aprovecha de los vendedores inocentes que creen que cualquier perspectiva es mejor que ninguna, lo cual es por supuesto 100% falso. Este es el tipo de prospecto que te dice: *"Después de todo, no podemos comprarle a usted debido al precio"*. El vendedor C inocente se siente consolado ante ese hecho y sigue suponiendo que la relación es, de hecho, estelar; y que, si no hubiera sido por el precio, ¡él habría obtenido el trato!

¿Y sabes qué? El precio a menudo no es la cuestión. Yo misma he probado esto con los clientes. Un prospecto A te dará a conocer; te llevará por toda la empresa sintiéndose orgulloso como si fueras su hermano o hermana que estuvieron perdidos durante mucho tiempo. Estará muy feliz de que te familiarices con otros empleados que ejerzan algún factor de influencia y con los compradores. Él quiere hacerte la vida más fácil y que le vendas más a su organización.

Los prospectos B están algo orientados hacia el precio y un vendedor A sabe cómo negociar eso. Tú sabes que estás relacionándote con un prospecto B porque te regresa tus llamadas —no de inmediato, pero sí en un tiempo razonable. Por lo general, el prospecto B también te dice la verdad mientras que el prospecto C no es sincero y te da excusas como estas: "¿Sabe qué? Me habría encantado que usted fuera nuestro proveedor, pero la decisión estaba fuera de mi control", "Su precio era demasiado alto", "Decidimos quedarnos con nuestro proveedor actual, pero gracias por su tiempo".

El prospecto C no te da todos los detalles con respecto a lo que deberías modificar para que tu propuesta tenga éxito y suele ocurrir que la decisión haya sido tomada incluso mucho antes de que tú presentaras tu propuesta; por lo tanto, cualquier propuesta que hagas para un prospecto C es por lo general una *propuesta de castigo*. Pierdes el 80% de tu tiempo y te involucras en el juego de una espera interminable. Con un prospecto A es al revés: ganas el 80% y pierdes solo el 20%. Cuídate de los prospectos C que aceptan todas tus atenciones, pero te ofrecen muy poco a cambio.

Estrategia 45

Implementar un sistema que mida la relación con el cliente

Una gran cantidad de vendedores me dice que su modelo de ventas es *la venta relacional,* lo cual significa que ellos tratan de construir una relación con su cliente antes de intentar hacer la venta. Aunque sí es bueno que tengas relaciones con tus clientes, no es suficiente. Muchos vendedores tratan de establecer una relación con sus clientes con el único propósito de agradarles más que la competencia y así obtener de primera mano la información que necesitan, por así decirlo. Por desgracia, a menudo esto resulta contraproducente para el desarrollo del negocio ya que el vendedor sigue centrándose en *la relación* y se pierda de la oportunidad de hacer un buen negocio. Un cliente no camina por ahí pensando: *"Hoy tengo ganas de comprar unos equipos de perforación; pero, hummm, la relación no mi vendedor, no está pasando por un buen momento"* o *"Estoy dispuesto a invertir $ 3 millones de dólares, pero mi relación con mi proveedor no está como debería, así que voy a esperar un par de semanas".* Ese no es el lenguaje del cliente; es el lenguaje del vendedor. Cuando un vendedor se presenta y trata exclusivamente de generar una relación, sin darse cuenta está centrando la atención en sí mismo y no en el cliente.

¿Qué hacer entonces? Tenemos que crear un sistema de medición que nos ayude a interpretar cuáles son los indicadores mediante los cuales podamos evaluar a nuestros clientes. ¿Qué es un cliente Tipo A? La definición de un cliente A es alguien que no es difícil de atender, ni de tratar y que nos produce un alto margen de ganancia. Cuando te reúnes con este tipo de cliente para notificarle un aumento de precios, también es posible incluir dentro de la conversación otros aspectos que él tenga en mente, como cuál es el momento adecuado para hacer su inversión, qué necesidades tiene, qué nivel de calidad y confianza requiere. Un cliente A se da cuenta del valor que le aportas y entiende con total claridad por qué es necesario que hagas un aumento del 4% en el precio.

Los clientes A te conectarán con otros compradores dentro de su organización y son rápidos para darte referencias. Además, harán otras dos cosas que son de vital importancia. En primer lugar, te ayudarán a vender tus productos y servicios a su organización presentándote a los encargados de la toma de decisiones. En segundo lugar, están dispuestos a ayudarte a preparar tu propuesta y a aconsejarte sobre lo que deberías eliminar o enfatizar dentro de ella con el fin de que aumentes tus posibilidades de ser aceptado. También te informan con rapidez acerca de los cambios dentro de su organización. La mayoría de las organizaciones no son estáticas; los empleados y las políticas cambian con frecuencia, y cuando esos cambios te afectan, tus clientes A te mantienen actualizado. Si uno de tus clientes A es una cuenta muy grande, lo más probable es que tengas que hacer tratos con el gerente de cuentas dentro de la organización. Es importante que no pierdas de vista nuevas oportunidades de negocio utilizando la recomendación de este cliente al presentarte con los posibles compradores de otras divisiones.

Los clientes B son similares a los clientes A, excepto que son más difusos. Ellos son mucho más orientados hacia los precios. Te asesorarían así: "Tengo una propuesta del proveedor de XYZ y él tiene un precio un 5% menos de lo que usted tiene. Si logra ajustar su precio, seguiré haciendo negocios con usted". Cuando se trata de comunicación, un cliente A te devolverá tu llamada en el transcurso del mismo día mientras que un cliente B requiere un poco de ayuda para recordar que te debe una llamada. El cliente B es leal hasta cierto punto, pero no siempre estará dispuesto a ayudarte a venderles tus servicios a otras personas dentro de la organización.

¿Qué pasa con un cliente C? El Cliente C es alguien que no es leal contigo y esto hace que sea muy difícil que tú seas leal con él. Sin embargo, a pesar de ello, siempre debes hacer tu mejor esfuerzo para estar disponible para él, aun cuando sabes que te está pidiendo una propuesta simplemente para "alardear" con su proveedor actual. Desde una perspectiva de servicio al cliente, lo más probable es que, al hacerle seguimiento a un cliente C, sea apropiado contactarlo una vez por trimestre; a un cliente B, una vez cada dos meses; a un cliente A, una vez al mes o más. Por supuesto, sin importar su categoría, si un cliente o prospecto te llaman, debes responderles de forma rápida y amable. Nuestros clientes y posibles clientes no se asignan una calificación a sí mismos y en realidad no esperan un tratamiento tipo B o C; es por ello que depende de ti presentarle siempre un servicio Tipo A a todo el mundo.

El cliente C casi nunca te devuelve tu llamada hasta que no haya algo que él necesite. Además, entretendrá a tu competencia pidiéndole propuestas, incluso si su contrato contigo no ha finalizado todavía. Aunque es probable que no sea difícil para ti hacer negocios con este tipo de cliente, él se encargará de que lo sea.

La próxima vez que un cliente te pida una propuesta asegúrate de saber qué tipo de cliente es: A, B o C. Si es Tipo A, es factible que haya un 90% de oportunidad para hacer el negocio; pero con un cliente C la probabilidad es mucho más baja. Conocer estas diferencias te ayudará a utilizar tus recursos de ventas con mayor eficacia y te impedirá hacer falsas predicciones.

Estrategia 46

Sobresalir de la competencia con resultados medibles

Siempre les pregunto a los vendedores: "¿Qué hace que te destaques entre la multitud? ¿Qué diferencia a tu empresa de tus competidores?" Casi siempre me responden: "Nuestra calidad, nuestra gente y nuestro servicio".

Luego, les pregunto: "Cuando tu competencia responde la misma pregunta ¿qué dice? ¿Responden ellos con esas mismas tres razones tan trilladas y poco significativas o con al menos tres resultados medibles que el cliente recibirá al utilizar sus productos o servicios?"

Proporcionar resultados medibles es uno de los factores clave que causa que los proveedores sobresalgan desde un principio entre la multitud. El vendedor que responde en forma desprevenida a esta pregunta diciendo: "Nuestra calidad, nuestra gente y nuestro servicio" será relegado a la categoría de *vendedor promedio*. Cuantifica tus resultados y hazles saber a tus prospectos por qué tú eres digno de que te tomen en cuenta. Si el 98% de tus clientes continúa haciendo negocios contigo año tras año, infórmales ese hecho a tus prospectos. A esto le llamo *la confirmación de tu ventaja competitiva*. Se habla mucho de la *propuesta de valor*; la cual hace referencia al valor que tú les brindas a tus clientes, que ilustra con exactitud lo que ellos recibirán al elegirte a ti y a tu empresa como parte de la solución para su negocio. *Una declaración de tu ventaja competitiva* cuantifica y confirma los beneficios que les brindas a tus clientes.

Podrías decirles algo como esto (teniendo en cuenta el campo de acción dentro del cual te desempeñas) a tus clientes:

1. En una encuesta que realicé hace poco entre 64 de mis clientes, el 97% respondió que estaría dispuesto a darme una referencia.

2. En una reciente encuesta de 24 clientes, 23 declararon que se quedan con nosotros año tras año porque cuentan con nuestros técnicos de mantenimiento siempre que solicitan sus servicios, ¡incluso en medio de la noche!

Cuando utilizas un lenguaje *cuantificable*, el cliente se siente seguro y tú cuentas con mayor credibilidad. Sin embargo, esto no quiere decir que los clientes no vayan a seguir buscando nuevas opciones; es responsabilidad de todos, de tus clientes, tuya y mía seguir el debido procedimiento antes de tomar una decisión. Por eso, cuando tú vas más allá de recitar *"nuestra calidad, nuestra gente y nuestro servicio"* cada vez que te preguntan qué es lo que te distingue de tu competencia, estás en mejor capacidad de sostener conversaciones mucho más productivas.

Además, si utilizas preguntas clave como una herramienta para abrirte a más oportunidades, lograrás atraer a tu empresa todas esas jugosas cuentas que todavía trabajan con tu competencia. Hazlo proveyéndoles tu *declaración de ventajas competitivas* basándote en cifras cuantificables que demuestren la clase de servicios que les brindas a tus clientes actuales junto con lo que ellos opinan al respecto. Enfoca tus preguntas de tal manera que tus prospectos evalúen a sus proveedores actuales y, si el servicio que reciben está por debajo de lo que ellos esperan como clientes, tú tendrás la ventana de la oportunidad abierta para hacer uso de tu credibilidad y estarás en la posición de ofrecerles óptima calidad. Podrías preguntarles lo siguiente:

♦ De las últimas diez veces que usted ha llamado a su proveedor actual, ¿cuántas veces le ha devuelto su llamada en el momento en que usted lo necesitaba?

- De las últimas diez veces que usted ha llamado a su proveedor para solicitarle un servicio, ¿con qué frecuencia el técnico hace un trabajo que excede sus expectativas?

- De las diez últimas veces que usted se comunicó con la oficina de su proveedor, ¿cuántas veces lo han dejado en línea de espera o le solicitan que presione un número tras otro?

En mis entrenamientos de ventas, así como en mis programas de entrenamiento, suelo ser muy insistente en cuanto al hecho de que los vendedores deben optimizar con mucho sentido de responsabilidad sus actividades de ventas, su lenguaje de ventas y sus compromisos con el cliente. He aquí un ejemplo de un capítulo anterior: cuando dejes un mensaje en tu buzón de voz es muy importante que te comprometas a devolver las llamadas a una hora específica. Cuando haces una promesa como: *"Mi objetivo es devolverte la llamada en cuatro horas"*, ese es un ejemplo de un compromiso cuantificable. Así tus clientes saben que, si pueden contar contigo en las pequeñas cosas, también contarán contigo para lo importante. Como dijo Cheryl Hubert en uno de sus libros: *"Así como haces una cosa, ¡así mismo haces todo!"*

Tu forma de interactuar con tus clientes hace parte de tu patrimonio como vendedor e incluso tú mismo te conviertes en parte de la ventaja competitiva de tu empresa. Esta es la manera en la que sobresales de la multitud y tu competencia queda hecha polvo. Los pequeños detalles contribuyen a un gran resultado: ¡la venta!

Estrategia 47

Identificar la forma correcta y la equivocada de pedir un referido

Existe un camino equivocado y uno correcto para pedir una referido. El camino equivocado es algo como esto: *"Jamie, me preguntaba si antes de terminar la reunión de hoy, me podría dar los nombres de algunos de sus asociados que estén en busca de un entrenamiento en ventas"*. Cuando lo pides de esta manera, también le estás pidiendo a tu cliente que califique a sus asociados por ti, como si él estuviera paseando por ahí desocupado pensando: *"Me pregunto quién más necesitará un entrenamiento en ventas"*. Al igual que tú, tus clientes también tienen múltiples prioridades que gestionar y casi nunca están pensando en ti, de la misma manera en que tú no estás pensando en nada más que en tus propias prioridades. Tú no vas por ahí preguntándoles a tus amigos si ellos están interesados en un auto nuevo, y si es así, ¡que vayan a ver a tu vendedor de automóviles preferido!

La respuesta típica a ese tipo de solicitud suele ser: *"Déjame pensarlo y me pondré en contacto contigo en un par de semanas"*, pero todos sabemos que esa llamada nunca ocurrirá. Nunca conseguiremos esos referidos porque no les prestamos atención a los dos temores principales del cliente.

El principal temor de tu cliente es que de pronto tú hables con sus referidos o les menciones los aspectos de su negocio a ellos. En otras palabras: tu cliente está preocupado de que, por alguna razón, incurras en hablar de sus negocios con sus amigos o compañeros a los cuales él te refiera.

Imagínate si un planificador financiero le solicitara a uno de sus clientes un referido y la cartera de esa persona no ha alcanzado las expectativas del año pasado. Si este es el caso, su cliente podría proporcionarle una referido (el comportamiento de un portafolio puede no ser causado por el asesor financiero), pero seguramente no querrá que su información financiera sea discutida con nadie más. El dinero es el mayor indicio de confianza. Hablar de dinero significa que tú tienes que ser irreprochable en tu confiabilidad y que debes haber demostrado meses de servicio confiable.

El segundo miedo del cliente es que él que vaya a perder el respeto y la amistad de cualquiera de sus socios o amigos después de que te los dé como sus referidos. Los clientes tienen miedo de que, si te dan una lista de nombres, tú seas ese típico vendedor desesperante e insistente.

Seamos realistas: la mayoría de la gente tiene la impresión de que los vendedores son muy poco profesionales. Entonces, ¿qué deberías hacer? ¿Cómo podrías ayudarles a tus clientes a superar esos dos temores?

Manifiesta con tus propias palabras lo que tu cliente no puede o no es capaz de expresarte por sí mismo al respecto.

Di algo como: "Durante todo el tiempo que hemos trabajado juntos, ¿siente usted que, aunque sea por un instante, yo he infringido de alguna manera la confianza que me ha dado? ¿Qué yo hablaría con los demás acerca de su empresa o sus resultados?"

Lo más probable es que tu cliente responda: "¡No, por supuesto que no! ¿Por que lo preguntas?"

Tú le dices: "La razón por la que le pregunto esto es porque quisiera pedirle que, antes de terminar esta reunión, usted me diera un referido; un nombre de uno o dos de sus asociados con quienes yo pudiera hablar acerca del trabajo que hago. Esta es una de las principales formas en que logro hacer crecer mi negocio, pero me gustaría explicarle antes de que ni siquiera usted piense en la posibilidad de darme algunos nombres, que, primero que todo, yo nunca jamás hablaré de su negocio con nadie más. Lo segundo que me gustaría asegurarle es que, si usted me da los nombres de dueños de negocios amigos suyos, yo simplemente me presentaré y les informaré que usted me dio sus nombres y luego esperaré a que ellos estén de acuerdo en darme una cita introductoria. No seré insistente ni los pondré en aprietos hasta que acepten darme una cita. Ellos serán quienes deciden si quieren o no una reunión conmigo".

Si tranquilizas a tus clientes respecto a estos dos temores, aumentarás de manera exponencial tus posibilidades de conseguir un referido.

Si eres capaz de ganarte su buena voluntad y ellos te dan referidos, también serás capaz de trabajar de manera inteligente y descomplicada. Hace muchos años trabajé para una empresa financiera que realizó un estudio entre sus clientes y encontró que el 96% de ellos dijo que habría dado referidos, pero el problema es que solo el 5% de los asesores financieros los pidió. Si desarrollas la disposición a preguntar, y sigues este protocolo, tus posibilidades de obtener referidos son bastante altas. Tus resultados se verán y elevarás tu estatus.

Estrategia 48

Recuperar a tus antiguos clientes

Solo hay tres maneras de ganar clientes: nuevos negocios de nuevos clientes (extraños), nuevo negocio de clientes existentes (permanentes) y el negocio de los clientes anteriores (desertores).

En una ocasión un cliente me corrigió durante una sesión de entrenamiento de ventas y me dijo: *"No, Alice, no son desertores. Por lo general, los dejamos solos"*. Pensé: "¡Sí, eso es correcto! El cliente rara vez se va si ha sido muy bien cuidado". Así que vamos a hablar de cómo es posible traer a esos clientes a donde pertenecen. Para ello, hay que drenar el pantano. Esto significa que necesitas reunirte con ellos y averiguar en primer lugar qué causó que se fueran. Solo entonces puedes hacer algo con respecto a su regreso. Después de todo, lo más probable es que tu competencia no esté haciendo un trabajo perfecto y tu antiguo cliente esté buscando la oportunidad de volver a trabajar con tu empresa.

Tú necesitas tener una discusión abierta con ellos. Podrías decir:

"Mi nombre es Janis Smith y trabajo con la empresa XYZ. Yo sé que usted solía pensar que nosotros éramos sus proveedores de confianza, pero luego usted se fue, probablemente porque lo defraudamos. Me gustaría reunirme con usted y explorar el asunto. No puedo decirle con seguridad que tendré alguna sugerencia o soluciones, pero sí me gustaría saber lo que hicimos para decepcionarlo".

Cuando el cliente comprende el contexto de la reunión, es probable que quiera ponerse de acuerdo para reunirse contigo. Cuando llegues allí y él comience a decirte lo que salió mal, lo peor que puedes hacer es tratar de justificarte, defenderte o sacar excusas por lo sucedido. Si él se queja de la calidad o eficiencia de tus servicios y le respondes con: "Bueno, usted sabe, fue un momento difícil para nuestra compañía", "El mercado fue tal que nuestros precios habían caído", te estás justificando y defendiendo, y esto solo empeora la situación. En cambio, es importante responder con sencillez y humildad a cada queja: "Gracias, siento lo que pasó; cuénteme más". Este tipo de respuesta es importante porque, cuando defiendes y justificas lo que pasó, das la impresión de estar centrado en ti mismo y no en el cliente —que es lo que prometiste hacer.

Se requiere de humildad para asumir la responsabilidad de todo lo que hizo que tu cliente se fuera. No le asignes responsabilidades a tu cliente. No vuelvas a decir: "Bueno, ya sabe, su jefe de proyecto no pudo manejar la situación. Intentamos trabajar con ustedes por todos los medios posibles, pero su jefe de proyecto no cooperó". Ese pudo haber sido el caso; pero, si estás tratando de volver a ganarte al cliente, es mejor que simplemente digas: "¿Sabe qué? Me habría encantado ocuparme de que todo hubiera sido diferente", y sigue adelante hablando de los cambios que han habido tanto en tu empresa como en la de tu cliente:

"Me gustaría compartir con usted algunos de los cambios que han ocurrido desde que trabajamos juntos porque desde entonces y hasta ahora, hemos hecho algunos arreglos empresariales y supongo que lo mismo habrá pasado en su empresa. Me gustaría compartir algunas de las mejoras que hemos logrado con el fin de garantizar un índice de satisfacción global del 98% de nuestros clientes. Contratamos a nuevos directores de proyectos y requerimos que los directores de proyectos existentes tengan que volver a certificarse. Por esa razón, me pregunto si quisiera reconsiderar la posibilidad de darnos una segunda oportunidad. Yo, personalmente, voy a seguir pendiente de este proceso".

Si el cliente se resiste y tú deseas volver a contar con su negocio, dile: "Desde mi punto de vista, parece que todavía podemos hacer negocios juntos. Lo que yo sugiero, si le parece bien, es que empecemos de nuevo, de pronto no con un gran proyecto, sino con uno más pequeño. De esa manera, si no cumpliéramos con sus expectativas, usted no correría un gran riesgo. ¿Qué tal le parece esta propuesta?"

Es probable que tu cliente diga que sí, pero tú debes hacerle seguimiento. Si no lo haces, tú y tu compañía volverán a ser vistos como insensibles.

Contactar a tus antiguos clientes con el propósito de traerlos de vuelta es simple, pero no fácil. La mayoría de las personas se entrega a su instinto de defender y justificar las acciones del pasado. Nuestro instinto humano es no reconocer ninguna responsabilidad, ni aceptar la culpa. Pero (y no puedo enfatizar esto lo suficiente) cuando tú eres 100% responsable y estás 100% dispuesto a rendir cuentas, también eres 100% confiable. Tus clientes sabrán si tú eres ese tipo de persona porque esto se nota; la gente se da cuenta debido a que los atributos del liderazgo son universales.

Estrategia 49

Recordar que el proceso de la venta nunca termina

Los clientes les compran a sus proveedores ya que, en alguna parte del proceso de venta, ellos ponen su confianza en el vendedor. Confiaron en que el vendedor que eligieron cubriría sinceramente sus intereses, se encargaría de que la transacción fuera justa y les resolvería el problema. Este es solo el comienzo para el vendedor. Hay 10 pasos indiscutibles que un gran vendedor debe seguir para procurar que este cliente siga siendo un cliente de toda la vida y una fuente de referidos.

1. Educar al cliente: si el cliente sabe cómo son tus procesos, conoce tu línea de tiempo para hacer las entregas y cuáles son los horarios de mantenimiento, adaptará sus expectativas al funcionamiento de tu empresa.

2. Comunicación: el cliente debe saber que tú, su proveedor, estarás disponible vía telefónica o le devolverás sus llamadas rápidamente, dentro del plazo prometido.

3. Responsabilidad: el cliente debe saber que vas a llegar a tiempo, a hacer lo que dices que vas a hacer y a ser el que dices que va a ser.

4. Adaptabilidad: el cliente debe saber que si él hace un cambio dentro de su empresa, tú estarás dispuesto a adaptarte sin vacilar cuando sea necesario.

5. Una diferencia: hazle saber a tu cliente que tú estás dispuesto a ofrecer más de lo que tu competencia ofrece. Ya sea que se trate de un servicio, un producto o un precio.

6. Apreciación: hazle saber a tu cliente que él es importante para tu empresa; que aunque hagan negocios juntos por $10.00 al año o $10 millones al año, de todas maneras él es importante para tu empresa.

7. La paciencia: tú realmente quieres resolverle el problema a tu cliente. Él no quiere hacer tratos con un vendedor que solo quiere hacer la venta. El vendedor debe estar dispuesto a trabajar hasta que el cliente esté satisfecho.

8. Seguimiento: siempre es una buena etiqueta de comunicación que el cliente reciba una llamada telefónica después de que tú terminas un trabajo para preguntarle cómo le pareció tu servicio o producto. Una llamada telefónica le muestra a tu cliente que estás interesado en la forma en que su proyecto funcionó. Esto puede significar una nueva oportunidad para ti en el futuro.

9. Un solucionador de problemas: tú quieres que tu cliente sea abierto contigo respecto a todas las operaciones que hay dentro de su compañía. Cuanto más sepas acerca de la empresa, más podrás ayudarle si te lo pide; o tú podrás hacerle sugerencias que le sirvan.

10. La confianza: ganar la confianza del cliente es establecer negocios a largo plazo y tiene que ver con todos los puntos indicados anteriormente.

No es ningún secreto que es mucho más fácil venderle a un cliente que ya es feliz con nuestros servicios. Con demasiada frecuencia, los vendedores piensan que ya han asegurado a su cliente. El cliente se da cuenta de esto y sabe que existe una ventana de oportunidades para tu competencia. Un buen vendedor hace dos cosas: cerrarle esta ventana a la competencia y estar siempre alerta para aprovechar las oportunidades creadas por la competencia.

Estrategia 50

Danzar como una abeja para construir un mejor negocio

Es posible que hayas oído decir que el 80% de las ventas proviene del 20% de los representantes de ventas; esta estadística se conoce como el *Principio de Pareto*. En 1906, un economista italiano se dio cuenta de este fenómeno durante un estudio que realizó de los distintos negocios en los que trabajó, especialmente entre los propietarios de la tierra. Si la tierra se distribuía en partes iguales entre un grupo colectivo de personas, después de un breve periodo de tiempo el 80% de esa tierra era de un 20% de las personas.

Cuando trabajo con las organizaciones, las animo a ellas y a sus vendedores a invertir el 20% de su tiempo buscando nuevos prospectos para hacer nuevos negocios. Mi razonamiento está apoyado en la siguiente historia. La mayoría de nosotros ha oído la expresión *"danza como una abeja"*. Esta se debe a que, cuando las abejas abandonan la colmena, salen a la calle, al campo a encontrar flores y una fuente confiable de néctar. Cuando regresan a la colmena, hacen una especie de danza moviendo sus alas y sus diminutas patas. Esta danza les comunica al resto de las abejas la longitud y la latitud de las flores de las que se puede cosechar el néctar para la producción de la miel. Pues bien, el 20% de las abejas no es capaz de entender la danza. Yo asumo que están entretenidas y que mueven sus pequeñas alas en señal de alegría, pero aun así no entienden la danza.

Lo que hacen a continuación es salir volando por todo el lugar con el fin de encontrar otras fuentes de néctar. Esta es la naturaleza en su esplendor; si el 100% de las abejas fuera a la misma fuente una y otra vez, muy pronto se agotarían los recursos y la colmena se derrumbaría. Cuando el 20% de las abejas que encuentra nuevos campos vuelve a la colmena, ellas también hacen su propia danza. A pesar de que están destinadas a ser siempre las recolectoras y nunca entenderán la danza, ellas mantienen viva la colonia.

Los vendedores necesitan funcionar al igual que el 20% de esas abejas. Puesto que algunos de sus clientes se irán y necesitan ser reemplazados, los vendedores deben estar en constante búsqueda de nuevas oportunidades para crecer y generar más ventas. Algunos clientes saldrán por desgaste, fusiones y adquisiciones; otros se irán a la quiebra o serán absorbidos por competidores que cuentan con proveedores con los que ellos desean trabajar.

Añadir clientes a tu lista aumenta la rentabilidad de tu organización. Si te quedas quieto, teminarás fracasando. Las empresas progresistas son aquellas que buscan en un lado y otro nuevas oportunidades de éxito, sobre todo en tiempos difíciles. Estas son las empresas que cuentan con cazadores cierra-negocios de óptimo rendimiento —vendedores que venden más que cualquiera sin importar las condiciones del mercado.

Al igual que el 20% de las abejas que se alimenta de nuevas fuentes de néctar, nos corresponde a nosotros como vendedores buscar siempre nuevas oportunidades; ¡ir cada vez más lejos para encontrar recursos renovables sin explotar!

Sobre la autora

Alice Wheaton es una presentadora que inspira y motiva, y con un gran sentido del humor. Es autora de seis libros y de numerosas herramientas de éxito. Durante los últimos 15 años, Alice ha trabajado con empresas en toda Norteamérica, el Pacífico, América Latina y Europa proporcionando los conocimientos y habilidades que les ayudan a sus clientes a crear nuevas oportunidades y a cerrar más ventas.

Como parte de su trabajo de consultoría con equipos de ventas, Alice ha desarrollado un estilo de entrevistas que separa de inmediato a los que *parecen* de los *producen* y que les permiten a sus clientes evitar el costoso error de contratar a la persona equivocada.

Alice trabaja con diversas compañías relacionadas con tecnologías recientes, empresas científicas, de ingeniería, de contabilidad, manufactureras, bancos y el gobierno. Su especialidad es ayudar a sus clientes a ser más eficaces en la consecución de ingresos. A través de análisis de procesos de ventas, de hacer ajustes, brindar entrenamientos, bien sea en grupo o uno-a-uno, ella les muestra a directivos y expertos por igual cómo hacer uso de una consultoría proactiva, de tal manera que les permita servir mejor al cliente, pasar por alto su propia "resistencia a las ventas" y producir óptimos resultados para su organización.

Además de su trabajo y de escribir varios libros, Alice disfruta como voluntaria de la Animal Rescue Fundation y comparte su casa con tres gatos y dos perros. Cuando Alice no va por todo el país haciendo conferencias, capacitaciones y prestando servicios de consultoría, ocupa su tiempo en viajes de vacaciones. Un par de sus experiencias más interesantes fueron sus 30 días en el Camino de Santiago (la antigua peregrinación por el norte de España), como voluntaria en un orfanato de Etiopía; también se preparó para someterse a un viaje de tres semanas lleno de restricciones e incomodidades en una humilde población de Guatemala con el fin de aprender español.

Para ponerte en contacto con Alice y recibir información acerca de sus programas, conferencias y consultorías para apoyar a tu organización a crear una línea amplia de clientes fieles y de óptima calidad, visita —www.alicewheaton.com.

www.ingramcontent.com/pod-product-compliance
Lightning Source LLC
Chambersburg PA
CBHW031850200326
41597CB00012B/356